A Empresa Viva

Dr. William A. Guillory

A Empresa Viva

Espiritualidade no Local de Trabalho

Tradução
AFONSO TEIXEIRA FILHO

EDITORA CULTRIX
São Paulo

Título do original: *The Living Organization — Spirituality in the Workplace.*

O primeiro número à esquerda indica a edição, ou reedição, desta obra. A primeira dezena à direita indica o ano em que esta edição, ou reedição, foi publicada.

Edição	Ano
1-2-3-4-5-6-7-8-9-10-11	02-03-04-05-06-07-08-09

Direitos de tradução para a língua portuguesa
adquiridos com exclusividade pela
EDITORA PENSAMENTO-CULTRIX LTDA.
Rua Dr. Mário Vicente, 368 — 04270-000 — São Paulo, SP
Fone: 272-1399 — Fax: 272-4770
E-mail: pensamento@cultrix.com.br
http://www.pensamento-cultrix.com.br
que se reserva a propriedade literária desta tradução.

Impresso em nossas oficinas gráficas.

Prólogo

Uma experiência espiritual

É bastante significativo, embora seja um fato menosprezado, que aquelas criações da mente humana que trazem a marca preeminente da originalidade e da grandeza não tenham sido produzidas no domínio da consciência (pessoal).

Vieram de um lugar além da consciência; bateram à sua porta pedindo abrigo, penetrando em seus mananciais, algumas vezes lentamente, como se estivessem se infiltrando, mas na maioria dos casos irromperam com a explosão de uma força devastadora.

G. N. M. Tyrrell

Acordei de repente, na madrugada do dia 3 de outubro de 1985, à 1h30m, com um desejo irresistível de escrever "alguma coisa". Saí da cama, fui até a escrivaninha do quarto do hotel onde eu estava hospedado, e comecei a escrever sem ter um pensamento consciente. As palavras fluíam por mim em tal profusão que eu mal podia contê-las. Frases e conceitos que eu jamais conhecera emanavam pela minha consciência. De repente, de forma tão abrupta quanto havia começado, esse processo se deteve. Então, voltei para a cama como se estivesse em transe. Na manhã seguinte, ao acordar, li sentenças que desafiavam as minhas crenças mais fundamentais a respeito da realidade, como, por exemplo: "a maneira pela qual os homens descrevem a vida é ilusória", "não existem significados, apenas estados", "o tempo é uma ilusão, assim como todos os demais conceitos formulados pelo homem", "olhe para o seu âmago; existe ali uma sabedoria infinita" e "a unidade é a realização essencial".

Fiquei espantado, intrigado e, acima de tudo, confuso a respeito da origem dessas sentenças. Eu nunca havia passado por um processo como esse antes.

Fui depois informado que um canal para o meu eu interior tinha sido aberto. Nesses casos, revelações de sabedoria podem fluir para a consciência. Esse experimento foi a origem da exploração pessoal, empreendida por mim, em busca da espiritualidade e da integração consciente dessa espiritualidade em minha vida. Isso tornou possível religar-me com a minha dimensão interior, a mesma dimensão da qual eu já havia antes me desligado. Usei essa ligação como uma contínua fonte de inspiração, sabedoria e orientação para a minha vida.

— William A. Guillory

Para Katie

Agradecimentos

Em primeiro lugar, e acima de tudo, eu gostaria de agradecer às pessoas que me deram permissão para revelar suas histórias de transformação pessoal e espiritual. Algumas delas preferiram o anonimato. Em segundo lugar, tenho em conta aqueles que contribuíram para o meu desenvolvimento desde que comecei minha jornada de transformação espiritual. Em terceiro lugar, sou eternamente grato àqueles que me apoiaram e me guiaram pessoalmente no período mais difícil de minha vida: Barbara, Chris, Danny, Katie e Mutiu; e, profissionalmente, a Don e Lee. Em quarto lugar, agradeço àquelas pessoas adoráveis que ajudaram no meu desenvolvimento desde criança mesmo quando eu ignorava estar em um caminho espiritual. E, por fim, sou grato a estas pessoas, os responsáveis pela beleza deste texto: Tatiana Bagge, Thomas Kotter e meus editores Chris e Becky Harding.

Preâmbulo

As mudanças se processam aceleradamente em torno de nós. A expectativa dos consumidores cresce cada vez mais. Funcionários esperam que o trabalho que fazem signifique algo para eles e orgulho para seus patrões. A globalização de todos os segmentos da economia está crescendo e, de acordo com Guillory, adotar a globalização é o mesmo que, por definição, adotar a diversidade. A interligação entre nós e o meio ambiente exige conhecimento e ação.

Em *A Empresa viva — Espiritualidade no local de trabalho*, Bill Guillory explora, mais uma vez, um terreno crítico para aquelas organizações que pretendem antecipar essas mudanças ou, pelo menos, reagir a elas e adentrar o século XXI.

Guillory nos ajuda a explorar individualmente nosso espírito interior e a tornar as outras coisas da vida, inclusive nossa vida profissional, afinadas com esse espírito. Ele também nos ajuda a entender como e por que a espiritualidade irá se tornar parte do ambiente de trabalho, como esperam os funcionários mais produtivos.

Criar empresas vivas e levar a espiritualidade para o nosso local de trabalho é, antes de mais nada, uma questão moral, mas será também uma necessidade competitiva no século XXI. As páginas seguintes desfazem a cegueira, que nos impede de ver com mais clareza, e nos mostram o caminho que temos pela frente.

— Jack Lowe
Presidente da TDIndustries

Prefácio

Quando vi pela primeira vez os primeiros esboços deste livro, fiquei impressionado. Bill Guillory demonstra, com maestria, o valor da coerência individual e empresarial. Os exemplos e relatos que nos dá mostram ao leitor como os negócios de sucesso do futuro irão se desenvolver no século XXI. Ele nos mostra tudo isso identificando um propósito maior ainda do que os próprios negócios e um local de trabalho onde empregados entusiasmados e com poder de decisão encontram sentido naquilo que fazem.

Essas empresas vivas criarão os novos líderes dos negócios: pessoas motivadas interiormente para atingir os objetivos do empreendimento comercial. Esse novo tipo de liderança haverá de inspirar outros indivíduos a *viver* de acordo com valores espirituais e a se *adaptar* aos princípios correspondentes desses mesmos valores. Eles serão direcionados naturalmente tanto para o trabalho lucrativo quanto para superar as expectativas dos clientes.

A Empresa Viva que ele descreve aqui serve de modelo para as companhias que provavelmente serão as mais bem-sucedidas nos próximos anos; anos em que navegaremos nas águas agitadas das mudanças de valores, da economia global, da responsabilidade social e da satisfação do funcionário. Este livro é um dos melhores trabalhos que relacionaram espiritualidade com empreendimentos de sucesso. Leia e se divirta!

— John E. Renesch, editor do jornal de negócios *The New Leaders*; autor de *Leadership in a New Era: Visionary Approaches to the Biggest Crisis of our Times*

Sumário

Introdução

Nas empresas de visão, o caminho para o progresso parte de impulsos humanos profundos: explorar, criar, mudar e aprimorar. Trata-se de um caminho profundo, interior, que nos impele e que é quase primordial.

Built to Last
James C. Collins e Jerry I. Porrus

Empresa Viva é aquela que recria a si mesma em resposta às mudanças internas e externas do mundo dos negócios. As mudanças internas são, a princípio, motivadas pelas mudanças externas, sobretudo no que diz respeito às exigências da clientela e à expansão do mercado. Assim como a Europa, dominada pela Alemanha, e o Extremo Oriente, dominado pelo Japão, tornaram-se fabulosas potências econômicas nas décadas de 70 e 80, a hegemonia mundial começou a escapar das mãos dos Estados Unidos. A ineficiência, tanto dos sistemas de processos quanto dos sistemas de administração, não podia mais adaptar-se para que as empresas continuassem lucrativas. Dessa forma, a era da reengenharia, da reorganização e do redimensionamento estava predominando. Hoje, temos dúvida sobre qual é o ingrediente necessário para assegurar o sucesso de uma empresa a médio e longo prazo. Este texto explica, de forma convincente, por que a espiritualidade pode ser esse ingrediente, se for aceita conscientemente e incorporada às atividades diárias da empresa.

A espiritualidade é a energia vital que permeia e impulsiona a Empresa Viva na busca de seus objetivos comerciais. A espiritualidade é muitas vezes confundida com sistemas de crenças religiosas. As duas coisas são diferentes, embora relacionadas entre si. A espiritualidade deriva da *consciência interior* — para além dos sistemas de crenças, quer esses sistemas sejam ensinados ou estudados. Os sistemas de crenças religiosas originam-se *da* espiritualidade.

Religião é forma e espiritualidade é a fonte por trás da forma. Na verdade, a dimensão espiritual é onde todos os sistemas de crenças religiosas fundem-se em um só, sem diferenças.

A atual pressão dos negócios para que a empresa funcione melhor vem gerando novas necessidades no local de trabalho. Somos forçados a aceitar que um modo radicalmente diferente de agir está sendo exigido para a sobrevivência da empresa e para a sua competitividade. No cerne desse processo de transformação está a aceitação do fato de que *apenas um pessoal competente proporciona uma vantagem competitiva a longo prazo*. Outros tipos de vantagens competitivas ou são temporárias ou são transitórias. Assim, uma premissa fundamental deste livro é que a criatividade e a inovação no local de trabalho dos dias de hoje exige que a pessoa esteja totalmente presente em corpo, mente e espírito. Devemos nos unificar com a nossa espiritualidade e fazer dela parte integrante do ambiente de trabalho.

Os sistemas de ação que possuem as maiores probabilidades de sucesso no século XXI são aqueles baseados na confiança no potencial do espírito humano. Para que esses sistemas possam ser aplicados é necessário, primeiro, reconhecer que não estamos criando no momento um ambiente onde se dê às pessoas a autoridade compatível com a responsabilidade que têm para realizar seu trabalho de acordo com a sua competência. Quando essa oportunidade for dada, muitas pessoas reagirão contatando aquela fonte interior que comanda as suas realizações. Por esse motivo, a mais poderosa fonte de motivação vem de dentro. Na verdade, trata-se da *única* fonte segura de motivação. Este texto é uma descrição dessa fonte interior e explica como cada um de nós pode alcançá-la simplesmente sendo receptivo e aberto às idéias e sugestões que são discutidas neste livro.

Espiritualidade no local de trabalho, subtítulo deste livro, é a integração de princípios, práticas e comportamentos humanistas com o sólido funcionamento das empresas. Eles englobam um clima de trabalho amistoso entre os funcionários da empresa, orientação no serviço, criatividade e inovação, transformação pessoal e coletiva, sensibilidade ao meio ambiente e alta produtividade. Os cinco elementos fundamentais para se integrar a espiritualidade no local de trabalho são: *pessoal*, *serviço*, *consciência empresarial*, *sabedoria* e *o conceito de nova liderança*.

Este texto é um relatório pormenorizado de como cada um desses cinco elementos estão interligados com o objetivo de produzir uma empresa de alto desempenho. O livro parte de sólidos princípios empresariais organizados de modo a criar uma produtividade individual e coletiva fora do comum. Esses princípios foram elaborados através de numerosos exemplos aos quais o leitor pode se reportar. Na parte final, discutimos o que pode ser aprendido de cada um dos exemplos, o que pode nos motivar a nos adaptarmos rapidamente às mudanças e alcançar a estabilidade pessoal. Ao final de cada capítulo, há uma série de exercícios e sugestões para reforçar as idéias discutidas ao longo do texto.

Nos Apêndices, debatemos as perguntas feitas pelas pessoas sobre a espiritualidade e o local de trabalho. Neles também encontramos um teste de auto-avaliação com o propósito de determinar o quanto se é espiritual. Além disso, descrevemos um processo gradativo de se integrar a espiritualidade à nossa cultura empresarial. Uma característica peculiar deste livro é que ele serve, em parte, como um manual de adaptação pessoal para o sucesso num mundo caótico de transformações.

— William A. Guillory
Setembro de 1999

"Um Paradigma Espiritual"

1. Contente-se com aquilo que você tem, pois é bem mais do que Você pensa.
2. Esteja de acordo com um número indefinido de partes: essa é a chave da Sua existência.
3. Tenha compaixão para com o próximo: mais entendimento e menos ímpeto são necessários.
4. Esteja receptivo à sua sabedoria interior: ela O guiará em tempos difíceis.
5. Esteja voltado para Deus: Ele é Você.
6. Cuide mais de dar do que receber: Sua gratidão não terá limites.
7. Seja um com todos e com tudo e Você encontrará contentamento.
8. Não se apegue às vontades e necessidades e Você será livre.
9. Esteja mais no presente, pois ele é tudo o que Você tem.
10. Aprecie mais o que Você é: não existe nada maior, ou menor, do que Você.
11. Ame, pois amor é tudo o que Você tem para dar.
12. Seja mais e faça menos.

Capítulo 1 A Empresa Viva: Como se adaptar com criatividade a rápidas mudanças

A lei da seleção natural se aplica a empresas no mundo dos negócios de hoje, em constante transformação. Em outras palavras, aquelas que aprendem a se adaptar continuamente, sobrevivem.

O AUTOR

Introdução

A Empresa Viva é aquela que se adapta continuamente ao mundo inconstante dos negócios. A adaptação é o resultado de uma transformação empresarial e também individual. A transformação é uma mudança irreversível na mentalidade de um líder empresarial e em funcionários que preparam o cenário para contínuas melhorias e, muitas vezes, para uma nova maneira de trabalhar. Esse tipo de mudança normalmente leva a empresa a reformular sua visão, sua estratégia e a própria expectativa de produção. Uma orientação empresarial às mudanças contínuas é algo semelhante à natureza adaptativa dos seres vivos, que estão evoluindo sempre. E, da mesma forma que isso é verdadeiro para os seres vivos, é também verdadeiro para aquelas empresas que não sabem se adaptar e acabam por se extinguir.

Este capítulo tratará das quatro características darwinistas das Empresas Vivas e mostrará que, especialmente durante épocas de crise, essas características proporcionam a capacidade necessária para a empresa sobreviver e prosperar. Este capítulo mostrará também como as empresas vivas podem prolongar sua existência pela *adaptação*, *delegação de tarefas* e *alta performance*.

O que é uma Empresa Viva?

O segredo que caracteriza uma Empresa Viva é o dom que ela tem de transformar-se continuamente e, assim, reagir às mudanças no mundo dos negócios. Por exemplo, em meados da década de 80, ficou claro para muitos líderes empresariais que comandar uma empresa de acordo com o estilo "comando-controle", antes aceito, não era mais uma atitude competitiva. Essa maneira de agir havia simplesmente se tornado lenta, ineficaz e resistente demais às mudanças ajustar-se às rápidas transformações por que passava a maioria das companhias. Em resposta a essa constatação, empresas proativas iniciaram uma integração significativa de um programa de envolvimento de funcionários, com o trabalho em equipe e a delegação de tarefas, em suas práticas administrativas.

Por exemplo, Frank Marchand, o vice-presidente de vendas de uma subsidiária canadense de um grande conglomerado de petróleo dos Estados Unidos, deparou-se com um declínio na sua participação no mercado. A matriz da empresa de Frank sempre operou da forma hierárquica tradicional. Apesar de a sua subsidiária operar de forma semelhante, Frank nunca acreditou de fato que o controle administrativo fosse a maneira mais eficiente de se conseguir o máximo das pessoas. Então, como se encontrava diante de uma queda na participação de mercado da empresa, Frank sabia que tinha de modificar significativamente a sua forma de operação.

Depois de muito pensar, ele decidiu fazer uma proposta à matriz que significava um compromisso de dois anos para colocar em prática um programa de envolvimento de funcionários. Ao preparar a sua apresentação à diretoria do grupo, ele desenvolveu um plano abrangente para reduzir a hierarquia, fornecer treinamento e desenvolver equipes de vendas. Ele também sugeria, em sua proposta, que dar mais autonomia aos funcionários e representantes de vendas não faria apenas com que a companhia retomasse a sua participação no mercado, mas criaria também novas oportunidades de negócios. Embora a diretoria do grupo não se sentisse muito à vontade com a nova filosofia de administração que Frank recomendava, aceitou a proposta assim mesmo, principalmente devido ao excelente histórico de sucesso em vendas que ele apresentava.

Frank ficou entusiasmado com a aprovação da sua proposta. A aplicação do seu plano começou com uma ampla reavaliação dos executivos. Quando ela foi concluída, um de seus resultados foi o fato de que muitos dos diretores de Frank ficaram surpresos pela reação que receberam dos seus funcionários. Eles não tinham consciência do impacto contraproducente que o seu estilo de administração tinha na atitude e no desempenho dos funcionários.

Uma outra parte crucial da avaliação foi a ajuda dada por um consultor externo que tratava dos problemas interpessoais identificados nas respostas dos funcionários. Cada um dos executivos ficou então responsável pela elaboração de um plano que resolvesse esses problemas interpessoais, além dos relacionados ao desempenho que pudessem ter sido identificados. O departamento de Frank começou imediatamente a pôr em prática os vários planos executivos patrocinados pelo novo estilo de administração, pautado no envolvimento dos funcionários. Como era de se esperar, a receptividade ao programa de Frank foi grande. Durante o primeiro ano, as vendas, o moral e sobretudo o desempenho aumentaram significativamente. Ao final do segundo ano, sua empresa superou as metas de vendas.

Por fim, a maneira de Frank agir começou a provocar certa tensão entre ele e o presidente de vendas. Esse conflito talvez fosse inevitável, uma vez que seus princípios de administração eram diametralmente diferentes. Frank apoiava o programa de envolvimento dos funcionários, enquanto o presidente do grupo nos Estados Unidos preferia um sistema mais hierárquico. Como o presidente impusesse cada vez mais restrições aos procedimentos de Frank, as vendas da empresa começaram a cair. Os principais diretores que acreditavam na maneira pela qual Frank tocava os negócios começaram a deixar a empresa, o que acelerou ainda mais o declínio das operações. Quando ficou claro que esse dilema não tinha solução, Frank demitiu-se.

De uma perspectiva bastante ampla, essa história pode parecer um exemplo de como a adaptação não funciona. Mas Frank me apresentou em retrospecto um feito importante. "O verdadeiro valor daquilo que havíamos realizado nesses dois anos foi o grau de crescimento pessoal e profissional na empresa", ele disse. De fato, uma das coisas que Frank disse aos funcionários no seu discurso de despedida foi:

— Todos vocês têm autonomia e poder; por isso, eu não estou preocupado. Vocês podem caminhar sozinhos.

Vale assinalar que os funcionários que se demitiram estavam capacitados a conseguir cargos importantes em outras empresas pelo mundo afora. O crescimento e a autoconfiança que eles adquiriram através do programa de Frank excedeu em muito aquilo que eles tinham realizado quando estavam submetidos ao sistema hierárquico de administração que existia anteriormente.

Frank relatou mais tarde que havia cultivado um profundo sentimento de realização pessoal durante esse período e que, ao contribuir para o desenvolvimento dos funcionários, acelerou o seu desenvolvimento pessoal. Ele passou a ter em vista um propósito maior do que simplesmente atingir ou superar metas de vendas. De fato, descobriu que o seu objetivo era criar um ambiente de trabalho em que os funcionários tivessem a oportunidade de se tornar indivíduos totalmente ajustados, capazes e confiantes. Como já conseguiu atingir *esse* objetivo, Frank considera que o programa de dois anos foi um enorme sucesso.

Frank Marchand aprendeu também que sua disposição natural para promover a autoridade de outros partiu de uma dimensão interior de si mesmo, a qual ele descreve como espiritual. Através dessa experiência ele também chegou à conclusão de que a "espiritualidade" talvez seja a fonte que inspira a maioria de nós a viver de acordo com um propósito de vida.

A pergunta mais importante que orienta a evolução de uma Empresa Viva é a mesma que Frank havia feito a si mesmo quanto à queda da participação de mercado de sua empresa: "Como nos adaptarmos continuamente a rápidas mudanças?" Se ao responder a essa pergunta identificarmos processos, serviços ou produtos ultrapassados dentro da empresa, isso significa que é conveniente, ou até mesmo necessário, adotar mudanças. Com bastante freqüência, como demonstra o exemplo de Frank, as mudanças necessárias podem resultar tanto em transformação pessoal quanto coletiva, ao mesmo tempo que dão à empresa a possibilidade de atingir seus objetivos comerciais.

Talvez o maior fenômeno relacionado à mudança e à adaptação empresarial seja o avanço tecnológico na área da informação. Esses progressos revolucionaram o mercado (vendas *on-line*), a comunicação (correio eletrônico) e a prestação de serviços (aprendizado por computador). Um exemplo específico de como a tecnologia da informação e a delegação de tarefas transformaram a prestação de serviços é apresentada no exemplo seguinte.

Innovations International — Como nos tornamos desejáveis mas desnecessários?

Em 1994, a Innovations International, uma empresa de consultoria muito conhecida, decidiu reinventar a si mesma. Depois de rever algumas das pesquisas que estava fazendo, a diretoria da empresa chegou à conclusão de que a educação e a preparação para o mercado estavam prestes a passar por mudanças significativas graças à nova tecnologia da informação. Alguns dos maiores benefícios para os clientes que recebiam educação e treinamento empresariais abrangiam: redução de custos, maior flexibilidade, descentralização e maior controle por parte dos funcionários. Esses fatores levaram a Innovations a reavaliar sua filosofia como fornecedora de produtos de treinamento e serviços, o que levou os diretores da empresa a formular as seguintes perguntas:

1. Até que ponto a consultoria externa é necessária para que um treinamento de fato dê resultados?
2. Consultores da própria empresa e diretores de produção podem oferecer um treinamento tão eficiente quanto especialistas externos?
3. E se designarmos nosso próprio treinamento e desenvolvermos programas para *garantir* a satisfação de nossos clientes?

A resposta a essas perguntas fizeram com que a Innovations percebesse que os funcionários da própria empresa eram tão capazes quanto consultores externos de fornecer um programa "de fácil utilização", desenvolvido criativamente; e, devido às suas experiências pessoais, o pessoal interno seria, em muitos casos, mais confiável.

Estimulados pelas respostas às perguntas acima, a equipe fez para si mesma perguntas ainda mais desafiadoras:

4. Como uma empresa de treinamento poderia desenvolver programas que tornassem desnecessários seus próprios consultores externos?

Depois de considerar seriamente esse assunto de importância fundamental, a equipe chegou à conclusão de que qualquer programa amadurecido de treinamento pode ser convertido num produto sob medida, como um programa de vídeo ou um programa de aprendizado por computador. Por meio de pesquisas adicionais e experiências mais pormenorizadas, a companhia descobriu também que os programas de aprendizado por computador podiam ser usados tanto individualmente quanto por grupos.

A equipe da Innovations confirmou que essa filosofia poderia de fato ser posta em prática pelo pessoal interno e pelos diretores de produção tão logo recebessem treinamento. Isso talvez fosse ainda mais importante para seus clientes.

Hoje, a Innovations é uma empresa em desenvolvimento, orientada para o produto, baseada na elaboração contínua de novos seminários sobre inovação, instrumentos de avaliação e serviços de consultoria. Em resposta à contínua mudança no mundo dos negócios, a companhia alterou a maneira de agir quanto ao desenvolvimento e apresentação dos seminários; esses, que tratavam fundamentalmente da dependência da empresa com relação ao consumidor, passaram a tratar da autorização para agir. Coerente com as suas mudanças na maneira de ver os negócios, a Innovations elaborou um plano estratégico que, longe de ser inflexível, mudasse constantemente, de acordo com as respostas que a empresa recebesse por parte dos clientes e do mercado. A capacidade que uma empresa tem em ser ágil e flexível em resposta a mudanças é um exemplo de que o processo de adaptação cumpre com sucesso seu papel nos negócios. A análise desse caso demonstra a própria essência da *adaptação criativa* — a disposição em questionar as suposições mais fundamentais sobre a maneira de agir nos negócios, *em antecipação às mudanças*!

A essência da adaptação

Como ilustrado na análise do caso da Innovations, a essência da adaptação é fazer continuamente as seguintes perguntas a respeito do mercado de negócios:

1. Quem somos?
2. Por que existimos?
3. Qual é a nossa herança ou o caráter que nos define?
4. Quais são as nossas perspectivas?
5. Como expressamos essas perspectivas (em produtos e serviços)?
6. Quem é o nosso cliente?
7. Como comercializar e vender nossos produtos e serviços com mais eficiência?
8. Como ultrapassar as expectativas dos nossos clientes?
9. Qual é o nosso sistema de operação mais produtivo?
10. Até que ponto nos importamos com os nossos funcionários?
11. Como integrar práticas humanistas com o bom andamento dos negócios?

Analisar essas perguntas regularmente é uma excelente maneira de se manter em sintonia com as mudanças ou mesmo de antecipá-las. A aplicação regular desse processo pode também evitar a necessidade de uma adaptação determinada pela crise.

Exemplos notáveis de adaptação empresarial devidos à necessidade ocorreram na década de 90. Foram eles os da IBM e da Eastman Kodak, empresas que modificaram sua diretoria, redefiniram-se e criaram uma nova estratégia para os seus negócios, em 1993. Essa mudança foi motivada principalmente por uma queda em sua participação de mercado e em sua lucratividade, que estava se aproximando de um ponto crítico. O mais dramático ajuste interno exigido foi a transição de uma cultura tradicional e de resposta lenta para um ponto de vista atento à velocidade e voltado para o serviço. Embora a IBM voltasse a ter lucros em 1996, não passou despercebido que um ponto crítico em sua estratégia foi a eliminação de 35 mil empregos. Agora, contudo, depois de ter mudado a mentalidade e as práticas de negócios da empresa, a IBM é novamente líder de mercado.

A Eastman Kodak nos dá um exemplo menos traumático de adaptação, que ocorreu em 1994, quando a companhia mudou de liderança. Nessa época, George Fisher, ex-presidente e diretor-executivo da Motorola, começou a administrar a companhia. Concomitantemente a essa mudança na direção, a Kodak redefiniu seu escopo em resposta ao ambiente global de rápidas mudanças. O relato dessa nova missão, mostrado nas páginas seguintes, é um exemplo do compromisso de uma companhia para se aprimorar em resposta a mudanças aceleradas.

A missão da Eastman Kodak

Nós construiremos uma excelente cultura orientada para resultados, com base em nossos cinco valores: respeito pelo indivíduo, integridade intransigente, confiança, credibilidade e aperfeiçoamento contínuo e renovação de pessoal. Por meio disso iremos crescer mais depressa que os nossos concorrentes, fornecendo aos clientes e consumidores soluções para captação de imagens, lojas de materiais e acabamentos fotográficos, processos de revelação, rapidez na execução dos serviços, além de comunicar imagens a pessoas e máquinas em qualquer lugar, a qualquer hora. Obteremos uma vantagem competitiva ao trazer soluções eficazes de custo diferenciadas — inclusive consumíveis, equipamentos, programas, sistemas e serviços — com rapidez e qualidade perfeita, por meio de uma equipe diversificada de funcionários dinâmicos com talentos e habilidades incomparáveis, necessários para manter a Kodak como líder mundial em imagem. Dessa forma, alcançaremos nosso objetivo básico de Satisfação Total do Cliente e nossas metas conseqüentes de Aumento Global de Participação de Mercado e Elevado Desempenho Financeiro.

Mudança ou extinção!

Infelizmente, o maior impulso de mudança para a maioria das empresas é a necessidade. Se for uma crise ou, mais traumaticamente, uma "plataforma em chamas", a realidade do mundo de hoje determina: "mudar ou sair do negócio". Os indicadores empresariais que indicam sinais de crise ou de alarme a respeito da "plataforma em chamas" são: queda na participação de mercado, nos rendimentos, na produtividade, no moral dos funcionários e na qualidade do ambiente de trabalho. Acima de tudo, o declínio de um negócio deve-se à falta de um líder com visão.

As empresas mais sujeitas a sentir na pele os indicadores mencionados acima são aquelas que possuem serviços exclusivos, monopólios ou produtos patenteados. Por exemplo, serviços de comunicação e de utilidade pública, órgãos e subvenções governamentais. Em suma, essas empresas vêm funcionando de forma não competitiva há anos. E embora uma empresa possa se preparar intelectualmente para perder um serviço exclusivo ou uma patente, a realidade dessa perda é geralmente mais traumática do que se esperava. Isso é particularmente verdadeiro quando uma empresa perde a sua participação de mercado para empresas concorrentes. Essa perda de rendimentos subsidiados ou de participação de mercado normalmente ocorre devido a uma falta de responsabilidade de prestar contas ou quando a concorrência baixa o preço estabelecido no mercado. Quando defrontada com esses tipos de desafio, as empresas com capacidade de adaptação renovam o senso de compromisso e dedicação. Elas passam a demonstrar disposição para a mudança, movidas pela vontade de sobreviver e prosperar.

O recente desafio enfrentado pelos The National Scientific Laboratories é um exemplo de como essas agências sustentadas pelo governo se adaptam a tais situações. Os Laboratórios são financiados principalmente pelos departamentos de Defesa, de Energia e de Comércio. Quando o governo cortou as verbas, normalmente concedidas para o funcionamento desses centros de pesquisa, eles se depararam com uma crise. Era preciso uma grande mudança de mentalidade para que eles continuassem a existir. Essa mudança significava entender que, embora a pesquisa básica fosse necessária, ela, por si só, não era suficiente para justificar uma verba anual. Também era necessário que os Laboratórios oferecessem produtos e serviços úteis para aquele que os subsidiava, ou seja, o contribuinte. Como resultado, uma nova missão foi criada pelo governo federal. Trata-se de "aprimorar a eficiência da indústria americana realizando-se pesquisas úteis para uso civil".

Atendendo a essa missão, o laboratório estatal de Oak Ridge, no Tennessee (conhecido como X-10), em colaboração com os hospitais de Knoxville, desenvolveu uma técnica de detecção do câncer de cólon por *laser*, com precisão de 99%. Os procedimentos anteriores exigiam intervenção cirúrgica. De modo semelhante, o pessoal de apoio do laboratório foi desafiado a operar com mais produtividade e menos recursos. Ele também teve de aprender a trabalhar para o cliente; essa atitude era diferente daquela das empresas voltadas para o lucro. A conseqüência de não se fazer essas mudanças no desempenho e na atitude, em um prazo relativamente curto, era o corte de pessoal. Infelizmente, nesse caso, o corte de pessoal ocorreu apesar de todos os esforços.

A adaptação bem-sucedida do laboratório de Oak Ridge e de muitos outros laboratórios estatais, em resposta à diminuição de verbas, é um exemplo clássico de quanto as pessoas podem ser flexíveis e talentosas quando vestem a camisa da empresa, dedicam-se a ela e estão dispostas a mudar.

As histórias da IBM, da Kodak e dos The National Scientific Laboratories revelam as características fundamentais que as empresas incorporam quando se deparam tanto com a adaptação quanto com a sobrevivência. Essas características equivalem aos quatro princípios darwinistas dos sistemas vivos, que serão discutidos na seção seguinte.

Os quatro princípios darwinistas dos sistemas vivos: características para a adaptação

Da mesma forma que os sistemas biológicos, as mudanças internas em um ambiente comercial são efetuadas por uma consciência inata de adaptação. Os princípios de adaptação nas Empresas Vivas são notavelmente semelhantes, em sua forma de funcionamento, aos quatros princípios darwinistas dos sistemas vivos. Num sistema vivo (ou comercial) específico:

1. *Todas as espécies apresentam variações individuais.* Empresas que comercializam os mesmos produtos ou serviços apresentam diferenças específicas umas com relação às outras. Entre os fabricantes de automóveis, são exemplos desse princípio a Lexus, a Infinity, a BMW, a Concorde da Chrysler e a Cadillac Deville. Outras indústrias que apresentam semelhanças entre si são as companhias aéreas, os fabricantes de computadores, as que desenvolvem programas para computadores, as que fornecem equipamentos médicos e as que prestam serviços de utilidade pública.

2. *O número de descendentes é muito maior do que o de indivíduos que chegarão à idade adulta.* Geralmente, 80% de todos os novos negócios fracassam. Mais de 50% das 500 maiores empresas da revista *Fortune* de vinte anos atrás não existem mais.

3. *Alguns descendentes se adaptam melhor ao seu hábitat (ambiente de negócio) do que outros.* Por exemplo, a Boeing, a Toyota, a Compaq, a Microsoft, o Primary Children's Medical Center, de Salt Lake City, e a Texas Utilities Electric de Dallas, no Texas.

4. *Os organismos que estão mais bem adaptados transmitem à prole parte de suas características referentes à adaptação.* Essas características transmitidas passam a ser o caráter ou a filosofia que se desenvolve dentro de uma empresa e se mantêm mesmo com o passar do tempo.

Utilizando-se desses princípios como modelos de uma adaptação bem-sucedida, as quatro características resultantes de cada um desses enunciados são: *identidade, perseverança, aclimatação* e *herança*. Elas estão exemplificadas abaixo, de acordo com vários tipos de empresa.

Identidade: uma qualidade marcante que diferencia uma empresa de seus concorrentes similares. Por exemplo, cada uma das companhias abaixo diferencia-se das concorrentes que atuam na mesma área, da seguinte forma:

Boeing: "Tecnologia avançada no projeto de aeronaves"

Toyota: "Automóveis de alta qualidade, que exigem pouca manutenção"

Hewlett Packard: "Inovação"

Microsoft: "Programas de fácil utilização"

Apple Computer: "Computadores de fácil utilização"

Primary Children's Medical Center: "A criança sempre em primeiro lugar"

Perseverança: o desejo de sucesso, sem se incomodar com as dificuldades ou os obstáculos. Por exemplo:

A Boeing é bem-sucedida apesar da competição cada vez mais acirrada entre os fabricantes de aeronaves no mundo todo.

A Toyota é bem-sucedida apesar dos altos impostos de importação que elevam os preços.

A Hewlett Packard tem um sistema de produção simples e eficiente e uma linha de impressoras de alta demanda.

A Microsoft continua a apresentar produtos de qualidade e de consumo de massa.

A Apple Computer é persistente e bem-sucedida ao competir no mundo dominante dos computadores pessoais.

A Primary Children's Medical Center continua a oferecer serviços de qualidade apesar dos custos cada vez maiores.

Aclimatação: capacidade de continuar a se adaptar e de contribuir para o inconstante sistema de negócios. Alguns exemplos de aclimatação são:

A Boeing projeta e fabrica a próxima geração de aeronaves para atender a uma necessidade específica de mercado.

A Toyota melhora a qualidade, diminui a necessidade de consertos e mantém um alto valor de mercado.

A Hewlett Packard continua a liderar o mercado de impressoras a *laser* e o de inovações.

A Microsoft lançou o Windows 98 e o NT.

A Apple Computer cria uma nova liderança, uma nova estratégia, visando os produtos e o mercado, e novas parcerias.

A Primary Children's Medical Center reformula por completo o funcionamento hospitalar.

Herança: caráter ou filosofia que é sinônimo do pessoal, dos produtos e dos serviços de uma empresa, e que é transmitido de geração em geração:

Boeing: "Líder reconhecida em aviação"

Toyota: "Automóveis e serviços ao cliente de qualidades excepcionais", "*A incansável busca da perfeição*"

Hewlett Packard: "Criatividade e inovação"

Microsoft: "Penetração agressiva no mercado de massa"

Apple Computer: "Primeira linha em inovação de computadores e programas"

Primary Children's Medical Center: "Compaixão pelas crianças"

Essas quatro características das Empresas Vivas asseguram a adaptabilidade dessas organizações ao longo do tempo. São aspectos tão marcantes de suas culturas que raramente, ou nunca, são questionados.

As Empresas Vivas têm autonomia e poder para agir

Embora as Empresas Vivas passem pelos "altos e baixos" do ciclo comercial, são *lucrativas*, *produtivas* e *apóiam os funcionários*. Esses três critérios definem uma empresa que dá aos funcionários autorização para agir.[2] Cada um desses critérios é específico, definível e limitado e será discutido em seguida.

A empresa lucrativa produz mais produtos e serviços de valor agregado do que o capital necessário para garantir o funcionamento da empresa. As Empresas Vivas passam por um dilema interessante com respeito à lucratividade. Por um lado, a lucratividade é um requisito para a sobrevivência e, por outro, a sobrevivência, muitas vezes, depende de promover o sucesso de outras empresas por meio de parcerias. Um exemplo de como esse dilema pode ser resolvido foi dado pela experiência de Lester Washington, presidente e diretor-executivo da Engineering Dynamics.

Lester, um homem de ascendência afro-americana, formou-se em engenharia elétrica pela Howard University e fez o curso de pós-graduação na Escola de Comércio de Harvard. Depois de formado, Lester abriu a própria empresa fornecedora de equipamentos. Logo percebeu que o sucesso de sua companhia, a longo prazo, dependia do estabelecimento de uma rede de relações com outras companhias semelhantes ou concorrentes, bem como com aquelas a que ele procurava prestar serviço. Nos dois primeiros anos, nos quais a empresa lutou para sobreviver, Lester conseguiu saldar seus débitos graças à orientação da sua rede de amizades e às recomendações. Quando uma grande companhia fotográfica, num empenho por diversificação, começou parcerias com pequenas empresas, Lester já estava apto a estabelecer uma grande aliança estratégica com um único fornecedor. Essa parceria resultou num contrato de cinco anos.

Devido ao serviço excepcional que a empresa de Lester prestava, a companhia fotográfica sugeriu que ele expandisse sua empresa criando uma área de projetos que atendesse às necessidades dela. Esta ofereceu assistência à empresa de Lester para que se especializasse nessa área, o que fazia parte da aliança estratégica. Lester ficou entusiasmado com a possibilidade de expandir sua empresa e com os lucros que adviriam disso. Contudo, enquanto pensava no assunto, ele se lembrou de um colega que já se especializara nessa nova área de projetos. Lester estava diante de um dilema: aproveitar a oportunidade que lhe ofereciam ou recomendar um colega que já tinha experiência e sucesso nessa área. Também estava em jogo uma questão ética: retribuir o apoio que os colegas haviam dado a ele durante os dois primeiros anos do seu negócio.

Depois de muito refletir, Lester recomendou o colega à companhia fotográfica. Ele tomou essa decisão em favor da própria integridade e da rede de amigos que o apoiara durante um período difícil. A companhia fotográfica informou a Lester que o propósito da oferta era o de favorecer pequenos empresários que pertencessem a grupos minoritários. O colega de Lester era branco. Mesmo assim, Lester recusou a oferta e avisou o amigo da oportunidade de negócio.

O que Lester não sabia era que fora justamente esse colega que o recomendara à companhia fotográfica, possibilitando o fechamento do contrato original. Quando esta, Lester e o colega se reuniram para resolver o impasse, a companhia chegou à conclusão de que Lester e o seu colega deveriam fazer uma parceria para criar a nova área de projetos. Assim, graças à experiência do parceiro, Lester não precisou da assistência da companhia fotográfica para desenvolver essa nova área. Como resultado, Lester e sua empresa adquiriram *know-how* para desenvolver essa nova área técnica e se beneficiaram com uma parceria externa que lhes possibilitou uma expansão muito maior do que seria possível se Lester tivesse aceitado a proposta original.

Esse exemplo não pretende sugerir que uma empresa deva sacrificar a lucratividade, em detrimento dos funcionários e acionistas. Contudo, a maior força que impulsiona as empresas bem-sucedidas é atuar da forma que melhor sirva os clientes. Nesse caso, não foi necessário "reinventar a roda". Em outras palavras, o conhecimento de que Lester necessitava já existia. Essa situação também proporcionou uma oportunidade para que ele testasse a própria integridade no que diz respeito a promover o sucesso de outras pessoas. Essa mentalidade pautada no desejo de ser íntegro e de ajudar os outros só é possível quando não existe escassez de dinheiro e avareza. Acima de tudo, ela se baseia na coragem. Quando não existe medo, a espiritualidade se faz presente.

A empresa produtiva cria seus produtos e serviços da maneira mais eficaz possível em termos de custo. Para isso, ela precisa aprimorar continuamente seus métodos, produtos e serviços, de tal maneira que a lucratividade seja criada *antes* dos produtos e serviços serem vendidos. Um exemplo interessante disso é o caso de uma grande corporação de aeronaves que firmou um contrato, em 1996, com um consórcio de transportes aéreos. Uma das cláusulas do contrato era a produção de 150 aviões num período de seis anos. A companhia sabia, antes de firmar esse acordo, que, se ela mantivesse o processo de produção que tinha no momento, perderia dinheiro no projeto. A diretoria determinou que, durante todo o período de seis anos do contrato, o processo interno de produção, como o ciclo de tempo, etc., deveria aumentar cada vez mais em eficiência. Aumentar a eficiência é sinônimo de diminuir custos de produção. Assim, enquanto durou o projeto, a empresa obteve um lucro significativo. Nesse sentido, *produtivo* é sinônimo de aumento contínuo da qualidade.

A empresa que apóia o funcionário proporciona a ele inúmeras oportunidades de desenvolvimento profissional, de progresso pessoal e melhoria na qualidade de vida no trabalho. É também sensível às necessidades dos funcionários: se sua vida familiar ou profissional exige certos ajustes, a empresa procede de maneira pouco usual, com o objetivo de manter os funcionários mais valiosos. A história de Jill Sorensen é um exemplo dessa sensibilidade.

Jill trabalhava em uma pequena empresa varejista no meio-oeste dos Estados Unidos. O presidente da empresa, Don Stevens, sempre acreditara que seus funcionários fossem progressistas na maneira de pensar. Contudo, quando Jill ficou grávida, espalharam-se rumores na companhia de que ela não retornaria. Desde que entrara para a empresa, ela progredira rapidamente. Don investiu muito dinheiro e tempo no desenvolvimento dela. Ele achava que a intenção dela era fazer carreira e não ter simplesmente um emprego. Quando Jill avisou-o de que a família vinha em primeiro lugar e que havia decidido deixar a companhia até que o filho tivesse dois ou três anos de idade, Don viu-se diante de um desagradável dilema.

Contudo, decidiu que não poderia deixar alguém com tanto talento e com tanto valor como Jill simplesmente ir embora. Então, ofereceu a ela a oportunidade de trabalhar de cinco a dez horas por semana, depois que ela estivesse suficientemente recuperada do parto. Surpresa por descobrir o quanto era valiosa, Jill aceitou a oferta de Don. Dois anos depois que o bebê nasceu, Jill começou a acelerar seu ritmo de trabalho. Sua produtividade e capacidade de administração continuavam a crescer. Logo depois que o filho completou sete anos, Jill tornou-se vice-presidente de operações e começou a lidar com as operações diárias de toda a empresa.

Essa história de sucesso ilustra o que significa apoiar os funcionários, especialmente quando crenças e atitudes ultrapassadas podem levar à perda de um funcionário com grande potencial. Nesse caso, a empresa reconheceu que a gravidez é parte natural do processo familiar e que deveria ser considerada como parte do ciclo de trabalho de um funcionário.

Esse exemplo também mostra que um número cada vez maior de empresas vem se preocupando com as situações familiares e de trabalho para conservar os funcionários mais competentes. Num mundo onde os negócios mudam rapidamente, elas se dão conta de que o seu próprio futuro depende da habilidade de serem flexíveis, adaptáveis e criativas em resposta às necessidades cambiantes da força de trabalho. *Lucratividade*, *produtividade* e *apoio aos funcionários* são o resultado da prática e da institucionalização da frase, *os funcionários são nosso mais importante recurso.*

As Empresas Vivas apresentam um alto desempenho

Como sistemas vivos, que mudam de geração em geração, elas estão sempre procurando melhorar seu desempenho. Alta produtividade é o processo de aumentar ao máximo a sinergia entre os componentes do sistema. Da mesma forma, o objetivo de uma empresa é ter um alto desempenho e manter esse nível de desempenho com o passar do tempo. Assim, a empresa de alto desempenho é aquela que alavanca continuamente a capacidade máxima de seus funcionários para atingir seus objetivos comerciais (ou empresariais). Ela integra iniciativas como formação de equipes de trabalho, qualidade e reformulação de métodos de trabalho. Preocupa-se com o meio ambiente, com a segurança e com a saúde. Está voltada para o cliente, pratica a diversidade e a autorização para agir em seu funcionamento diário. Uma empresa desse tipo é a que apresentamos de forma esquemática na Figura 1, na página seguinte.

As iniciativas descritas na vertical, na Figura 1, são processos e sistemas bem definidos. Cada uma delas é planejada exclusivamente para uma determinada empresa. Por exemplo, muitas firmas implementaram uma iniciativa de qualidade com base nos princípios e nas práticas da Gestão de Qualidade Total (GQT).

Diversidade é o "fator-funcionário" e determina o quanto será eficaz cada uma das iniciativas verticais a ser implementada, seja isoladamente, seja em combinação. Por exemplo, se uma equipe multifuncional for criada para melhorar o sistema de atendimento ao cliente, como, por exemplo, a equipe de

Figura 1. Diagrama de uma empresa de alta performance.

montagem de plataforma na linha de produção da DaimlerChrysler, ela integrará automaticamente os princípios e as práticas aprendidos com a iniciativa de qualidade. Se necessário, ela também instituirá novos processos de equipe baseados em menos passos, bem como o uso extensivo de tecnologia de informação. A implementação será, por sua vez, aprimorada ou limitada, em sua execução, dependendo de como as diferenças de diversidade sejam efetivamente resolvidas. Essas diferenças dizem respeito ao modo como são as pessoas (*diversidade humana*), ao modo como pensam (*diversidade cultural*) e de que maneira preferem fazer as coisas (*diversidade de sistemas*).

A autorização para agir é comum a todas as iniciativas verticais, em termos de como elas são implementadas. Isso significa um envolvimento significativo do funcionário. À equipe é delegada maior autoridade, dentro de determinadas normas, para que ela possa atingir seus objetivos. A liderança atua de forma mais estratégica ao estabelecer o contexto, as normas e os objetivos a serem alcançados. A equipe e a liderança, também em conjunto, estabelecem medidas de responsabilidade que têm de ser tomadas durante o processo para que possam conquistar continuamente a liberdade de agir em uma determinada operação sem que seja necessária a gerência.

A alta performance tem uma orientação espiritual

Uma empresa que serve de exemplo do alto desempenho de orientação espiritual é a TDIndustries, de Dallas, no Texas. Quando, em 1989, essa firma de construção civil viu-se arriscada a ter de fechar as portas, seu presidente e diretor-executivo, Jack Lowe Jr., foi desafiado a invocar tanto a sua força interior quanto a máxima que norteava a empresa desde o início, isto é: "Nossos funcionários são a nossa força." O pai de Jack foi quem fundara esse negócio familiar em 1946 e institucionalizara valores humanistas em suas operações. Ele também fora muito ativo na integração do sistema de escolas públicas de Dallas. Assim, a TDIndustries e sua filosofia eram mais que simplesmente um negócio para Jack Lowe Jr., eram também uma herança de família.

No auge da crise, conta Jack, ele chegou à conclusão de que se quisesse que a empresa sobrevivesse, teria de contar com a ajuda de seus vários diretores. Cada um deles teve de entender a profundidade do compromisso que tinham de reverter a situação crítica em que a empresa estava. Jack, junto com outros, investiu todas as economias de sua vida, dando com isso um exemplo de fé e confiança no sucesso da empresa. Além disso, ele ofereceu aos funcionários a possibilidade de adquirir ações da companhia em troca de seus fundos de pensão, com o objetivo de assegurar o capital de giro necessário para enfrentar esse período turbulento. Jack pediu a cada um dos diretores que elaborasse planos de como sua unidade de trabalho poderia reagir com mais eficiência às mudanças radicais que estavam ocorrendo no campo da construção civil. Como resposta, cada um deles criou planos agressivos para reformular sua respectiva unidade de trabalho. Aos poucos, eles começaram a reverter a tendência de queda e, em três ou quatro anos, voltaram a ter lucro. Durante a crise, não tiveram de violar seus valores mais duradouros, pautados em princípios espirituais.

O ano mais próspero da TDIndustries foi 1998. Os lucros da empresa foram os maiores de sua história. Tão importante quanto os lucros era a satisfação dos funcionários, que demonstraram uma aprovação de 93%. Mas, de maior importância ainda era o fato de que a diferença entre minorias étnicas e a maioria dos funcionários fechou em 1%, enquanto que dois anos antes era de 10%. Durante esses dois anos, Jack havia sido um incansável defensor da diversidade para as minorias étnicas e para as mulheres. Embora a TDIndustries esteja apresentando um desempenho excepcional no momento, o desafio será continuar no mesmo ritmo, principalmente num mundo cada vez mais complexo, ambíguo e inconstante.

Jack defende a filosofia de líder-servidor, da Robert K. Greenleaf Foundation.[3] Esse tipo de líder é alguém que tem o desejo natural de servir, ajudar, apoiar, estimular e elevar os demais. Por causa do exemplo que dá, outras pessoas também passam a agir da mesma forma.

O que aprendemos com isso é que o sucesso e os valores espirituais são compatíveis. De fato, os valores espirituais muitas vezes são a fonte que proporciona à empresa a capacidade de se adaptar às mudanças, principalmente durante crises ou dificuldades. Infelizmente, muitas vezes a adaptação é motivada pela sobrevivência, o que provoca comportamentos competitivos e imediatistas. Por outro lado, a adaptação baseada em valores espirituais duradouros produz comportamentos realmente benéficos aos clientes, à empresa e a todo o comércio.

Como é possível saber se uma companhia tem uma boa capacidade de adaptação, tem autonomia e poder para agir *e* apresenta um alto desempenho? Nas páginas seguintes apresentamos exemplos de alguns testes de avaliação para você e sua empresa.

Avaliação do desempenho do funcionário com autorização para agir

Aplique os testes abaixo à sua empresa. Essa avaliação pode ser usada para determinar o desempenho dos funcionários com autorização para agir (competência), até que ponto a liderança apóia os funcionários e se a empresa tem um alto desempenho. Responda as perguntas com: concordo totalmente (CT), concordo (C), neutro (N), discordo (D) ou discordo totalmente (DT).

Número	Enunciado	Resposta
1	Sou *totalmente* responsável pelo meu sucesso no trabalho.	
2	Sou extremamente produtivo, independentemente do ambiente em que trabalho.	
3	Responsabilizo-me pelos resultados, mesmo que a situação seja injusta.	
4	Estou normalmente empenhado em aprender sempre para aperfeiçoar as minhas habilidades e competência, sem precisar ser incentivado.	
5	Estou suficientemente capacitado para o meu trabalho, *conforme demonstra o meu desempenho.*	
6	Confio nos meus colegas (ou sócios) a ponto de não interferir, quando a eles delego tarefas vitais *para o meu próprio sucesso.*	
7	Tenho demonstrado ser muito habilidoso ao lidar com as pessoas durante os treinamentos ou aconselhamentos.	
8	Lembro os colegas (ou sócios) da responsabilidade deles, mesmo que isso provoque confrontos.	
9	Faço que os outros arquem com a responsabilidade deles, independentemente de como isso afete o relacionamento que tenho com eles.	
10	Estou disposto a refletir sobre profundas questões pessoais para obter êxito no trabalho de equipe.	

Avaliação da capacidade pessoal de trabalhar com autorização para agir

Para obter sua pontuação, siga as instruções a seguir:

Número de respostas CT ____ x 4 = ____
Número de respostas C ____ x 3 = ____
Número de respostas N ____ x 2 = ____
Número de respostas D ____ x 1 = ____
Número de respostas DT ____ x 0 = ____

TOTAL = ____

Multiplique o total por 2,5; o resultado mostrará, em porcentagem, sua capacidade de trabalhar com autorização para agir.

Total ____ x 2,5 = ____%

A nota média das pessoas que foram submetidas a essa avaliação foi 77%.

Avaliação do apoio que a liderança oferece aos funcionários

Responda a todas as perguntas com base em suas idéias ou experiências sobre o funcionamento da sua empresa: concordo totalmente (CT), concordo (C), neutro (N), discordo (D), discordo totalmente (DT). Ao responder, use a definição de liderança que a sua empresa tem.

Número	Enunciado	Resposta
1	A empresa aproveita ao máximo seus funcionários (ou sócios).	
2	A empresa valoriza os seus funcionários (ou sócios).	
3	A empresa oferece oportunidades de treinamento para o meu crescimento profissional.	
4	A empresa deixa bem claro que valoriza a competência.	
5	A empresa valoriza e recompensa o trabalho em equipe.	
6	A atribuição das tarefas baseia-se em quem precisa de oportunidades de crescimento e desenvolvimento.	
7	Informações não-confidenciais estão à disposição de todos.	
8	Tenho recebido informações sobre o meu desempenho na ocasião oportuna.	
9	A liderança da empresa inspira seus empregados (ou sócios) ao dar o exemplo daquilo que espera deles.	
10	A liderança inclui os funcionários (ou sócios) no planejamento e na implementação de medidas, sempre que estes são afetados por elas.	

Avaliação das respostas com relação ao apoio da liderança

Siga as instruções abaixo para obter uma pontuação para as respostas do teste:

Número de respostas CT ____ x 4 = ____
Número de respostas C ____ x 3 = ____
Número de respostas N ____ x 2 = ____
Número de respostas D ____ x 1 = ____
Número de respostas DT ____ x 0 = ____

TOTAL = ____

Multiplique o total por 2,5; o resultado determinará a nota (em porcentagem) do sistema de apoio da liderança.

Total ____ x 2,5 = ____%

A nota média das empresas que foram submetidas a essa avaliação foi 65%.

Conclusões:

1. Se o resultado do primeiro teste for maior do que a do segundo, a liderança não está delegando autoridade na mesma proporção de sua competência.
2. Se o resultado do primeiro teste for menor do que a do segundo, você precisa adquirir mais poder, isto é, criar e executar um plano para tornar-se mais competente em áreas específicas relativas ao seu desempenho.
3. Se o primeiro resultado for quase igual (± 2%) ao do segundo, você poderá usar o modelo a seguir para se tornar mais apto a trabalhar com autorização para agir, com base em seus projetos de crescimento pessoal.

Sistema de apoio da liderança

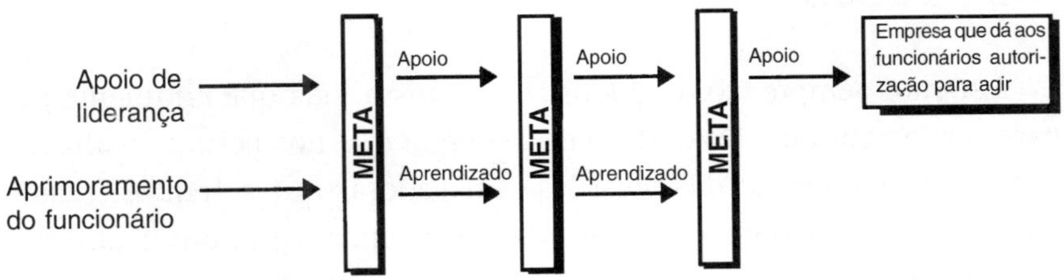

Funcionários com autorização para agir

A capacitação total da empresa é avaliada pela média da soma do resultado do primeiro teste e do segundo. Se a média for menor do que 85%, a empresa não pode ser considerada ainda como de alto desempenho.

Capítulo 2

Espiritualidade: A fonte da sabedoria

A espiritualidade é
o reservatório infinito da sabedoria.
A vida humana é o canal por onde
essa sabedoria flui constantemente.

PARAMAHANSA YOGANANDA

Introdução

Estamos sempre tão ocupados com a nossa vida que raramente paramos para nos perguntar: "De onde vem a energia que nos permite realizar bem o nosso trabalho apesar das pressões esmagadoras que sofremos?" Parece que a maioria de nós vem sendo forçada a aumentar a produtividade em períodos de tempo cada vez menores. Joyce Newcomb, por exemplo, foi promovida a vice-presidente de vendas de uma grande empresa farmacêutica. Devido a novas tecnologias competitivas em seu ramo industrial, o tempo para dominar o mercado passou de um ano para seis meses. Conseqüentemente, Joyce esperava cumprir em quatro meses uma meta de vendas que, um ano antes, costumava demorar seis meses para atingir. Essas expectativas, novas e mais rigorosas, eram parte da estratégia de vendas com relação a um "medicamento inovador" que estavam lançando no mercado. Portanto, o *tempo* passou a ser um fator decisivo para o aumento da rentabilidade da companhia.

Apesar do sucesso de Joyce em atingir seus objetivos de vendas, ela ainda ficava ansiosa quando pensava em ter de trabalhar continuamente sob tanta pressão.

A solução para se ajustar às crescentes demandas do ambiente de trabalho, em constante mudança, é a *adaptação criativa*. Adaptação criativa significa aprender a utilizar, conscientemente, uma fonte interior de inspiração e criatividade; inspiração para possibilitar a realização da tarefa e criatividade para suscitar soluções criativas e inovadoras. Esse processo de observação interior e de busca de respostas que se encontram além das limitações que nós mesmos nos impusemos, algumas vezes é descrito por meio da expressão inglesa "sair da caixa". Fora da caixa, que representa o nosso modo de pensar comum e limitado, encontra-se uma fonte espiritual interior. Foi nela que Joyce encontrou a resposta para o desafio de realizar suas vendas.

Neste capítulo, vamos definir espiritualidade e mostrar como você e sua empresa podem se beneficiar dela:

- Ouvindo a sua voz interior
- Aprendendo a se adaptar às novas exigências do local de trabalho
- Transformando o direito de fazer algo em autorização para fazê-lo
- Integrando ética e valores nas operações no local de trabalho
- Instituindo a responsabilidade moral
- Aceitando a responsabilidade social
- Alternando entre competência e cooperação

O que é espiritualidade?

Espiritualidade é a nossa consciência interior. É a fonte de inspiração, criatividade e sabedoria. O que é espiritual vem de dentro e transcende nossas crenças e valores *programados*. As crenças e os valores programados são aqueles que recebemos através da educação, mas que ainda não testamos no desafio das experiências de vida. Por exemplo, a autorização para fazer algo é um teste para sabermos em que acreditamos realmente: se acreditamos que a segurança no trabalho está baseada no desempenho ou no direito adquirido. O desafio é saber se *ganhamos* continuamente um trabalho por causa de nosso desempenho ou se nos *devem* um trabalho por causa de nossa lealdade. No passado, fomos programados para acreditar que teríamos direito a um trabalho em recompensa a uma lealdade de longa data.

É comum pensarmos que espiritualidade e religião sejam a mesma coisa, mas, na verdade, são coisas bem diferentes. A espiritualidade é uma maneira de ser que predetermina como vamos reagir às experiências da vida, ao passo que a religião implica incorporar e implementar sistemas de crença organizados. Na verdade, a religião é a forma que a espiritualidade assume na prática. A espiritualidade é a fonte por trás da forma e também pode ser expressa como meditação, ioga, Tai Chi, prece, empatia, compaixão e por meio da dignidade e do respeito com que tratamos os outros.

Para ter acesso à espiritualidade é necessário fazer perguntas (fora da caixa) e olhar para o nosso próprio mundo interior em busca das respostas. Esse processo pode ser muito frustrante pois raramente somos encorajados a buscar respostas dentro de nós mesmos. Em geral, nossa cultura nos ensina que as melhores soluções para as nossas dificuldades são fornecidas por fontes externas. A espiritualidade, por outro lado, sugere que essas soluções emanam de fontes internas. No entanto, para utilizarmos essa capacidade inata adequadamente, devemos desenvolver a capacidade de olhar para o nosso interior. Isso significa confiar na intuição quando recebemos respostas que "sentimos que estão corretas", mas que, a princípio, parecem não fazer sentido.

Um exemplo pessoal: no começo dos anos 80, decidi mudar de profissão, deixar de ser um professor universitário de física química para me tornar um consultor comercial. Em princípio, parecia que o caminho "mais óbvio" para me preparar para a nova carreira seria fazer um curso na área de negócios. No entanto, num momento de introspecção, uma voz interior me disse: "O que você quer inovar nessa área não pode ser alcançado por meio de um programa acadêmico, deve ser adquirido através de sua própria transformação interior e, depois, aplicado ao mundo dos negócios." Levei vários dias para entender essa mensagem. Para entendê-la, foi necessário conciliar a mensagem intuitiva com sua aplicação prática. No meu caso, essa aplicação significou, em última análise, vários anos de transformação pessoal, bem como travar experiências com várias culturas ao redor do mundo.

Nessa época, todos pensavam que eu estava maluco, pois havia alcançado um relativo sucesso como físico-químico. De acordo com a sabedoria convencional, eu devia estar louco, com certeza. Apesar dos avisos terríveis que me foram dados por muitos de meus colegas, abdiquei da estabilidade de que gozava no departamento de química e criei uma empresa de consultoria, a Innovations International. Ter acreditado na mensagem vinda do meu eu interior foi uma indicação de como a espiritualidade tornou-se parte natural de minha vida. Para a Innovations, uma empresa de consultoria com mais de 15 anos de estrada, a espiritualidade tem sido uma fonte constante de sucesso.

TDIndustries: estudo de caso

Uma excelente ilustração de como a espiritualidade pode modelar e influenciar o local de trabalho é o exemplo citado anteriormente de Jack Lowe Jr., presidente da TDIndustries em Dallas, no Texas. Jack incentiva sua equipe multicultural declarando: "Nós temos de adotar a diversidade, antes de mais nada, porque isso é correto." Essa declaração vem de uma fonte interior que, naturalmente, motivou o compromisso *de Jack* com a diversidade. Para aqueles que ainda não se deixam conduzir por essa fonte interior, ele também explica as necessidades do negócio e as vantagens da diversidade. No entanto, Jack deixa claro que tratar as pessoas com dignidade e respeito é uma das condições para se trabalhar na TDIndustries.

Um acompanhamento do conjunto de opiniões, comportamentos e objetivos é realizado ali para verificar se a diversidade está sendo implementada significativamente dentro da empresa. Onde existe um empenho *sério* para fazer com que a diversidade funcione, existe também um líder de orientação espiritualista. Esse que defende a igualdade entre os homens. Jack é um exemplo de pessoa que está em contato com a própria dimensão espiritual e a coloca em prática em cada um dos aspectos da sua vida.

Não causa surpresa o fato de essa empresa de construção, com sede no Texas, ter sido classificada em quinto lugar, em 1998, e em segundo lugar, em 1999, na lista publicada pela revista *Fortune* das 100 Melhores Empresas para se Trabalhar nos Estados Unidos. A TDIndustries também foi escolhida, em 1995, como a Empregadora Comercial do Ano pela revista *Contracting Business*. Em 1996, eles receberam o prêmio Visão Cristalina, concedido pela Associação Nacional de Mulheres na Construção Civil por promover, ativamente, o aprimoramento profissional e o aumento das oportunidades para as mulheres no setor da construção civil. Nesse mesmo ano, Jack foi escolhido para receber o prêmio de Empregador Associado da Construção Civil do Ano que, geralmente, é concedido a uma pessoa. No entanto, a pedido dele, o prêmio foi outorgado ao TDPartners, uma organização de funcionários da empresa. Em 1998, a TDIndustries recebeu o Prêmio Texas de Qualidade.

O fato é que uma organização funciona de forma mais eficiente quando a espiritualidade, em termos de princípios e na prática, torna-se parte integrante do funcionamento completo do negócio. Esse é, precisamente, o motivo pelo qual 1998 foi o ano mais lucrativo para a TDIndustries, que continua recebendo prêmios nacionais na área de negócios.

Como ouvir a vozinha interior

O local de trabalho continua mudando em ritmo acelerado à medida que ingressamos no século XXI. O alto desempenho, em termos de aumento de produtividade, também continuará a se expandir além das expectativas atuais. Seja qual for o produto ou serviço, ele deve ser disponibilizado de forma mais rápida, mais barata e mais eficiente e tem também de ultrapassar as expectativas dos clientes.

Nesse ambiente de trabalho novo e emergente, muitos trabalhadores têm mais para fazer e dispõem de menos tempo. A pressão é ainda maior nas organizações em que ocorreram, simultaneamente, uma redução na força de trabalho e o estabelecimento de objetivos financeiros mais ambiciosos. Isso significa que a produção por funcionário deve ser significativamente maior que aquela exigida antes da redução. Ou seja, deve haver uma mudança drástica no desempenho de cada um dos funcionários. A boa nova é que somos perfeitamente capazes de empreender essa transformação. A notícia desafiadora é que essa transformação deve ser implementada em períodos cada vez mais curtos do que aqueles que tínhamos anteriormente, para pôr em prática essas iniciativas de mudança.

Quando enfrentamos mudanças dessa proporção, passamos a avaliar não apenas o emprego que temos, mas também toda a nossa vida. Tratamos de nos questionar a respeito do significado de nosso trabalho. Reexaminamos a importância do equilíbrio entre o tempo que passamos no serviço e o que passamos com a família. Mais cedo ou mais tarde, chegaremos à conclusão de que as únicas respostas significativas para essas perguntas se encontram dentro de nós mesmos. Esse é o primeiro passo de uma jornada espiritual conscientemente planejada. A partir desse ponto, se escolhemos continuar nessa jornada, adquirimos uma confiança cada vez maior na sabedoria interior, coisa que nunca havíamos experimentado antes. Algumas vezes, descobrimos que grande parte de nossa vida foi levada de forma dependente, inibindo a expressão completa de nossa fonte interior. No entanto, quando ela desperta, provavelmente durante uma crise no local de trabalho, com freqüência descobrimos que existe em nós uma disposição para o risco da qual não tínhamos a menor idéia. A história de Sue Hamilton ilustra esse ponto.

Sue Hamilton é solteira e mãe de dois filhos. Durante dez anos, trabalhou como especialista em recursos humanos para uma grande empresa da área de telecomunicações. Devido à reorganização dessa empresa e ao corte de pessoal, Sue foi convidada a se mudar de San Francisco, onde sua família e seu ex-marido moravam, para o Meio-Oeste. Durante todos os dez anos que trabalhara nessa empresa, ela havia se dedicado muito e era bastante leal à empresa. Como resultado, quando sugeriram que se mudasse, Sue percebeu que um importante sistema de apoio no qual ela depositara sua confiança, a havia abandonado. Depois de passar por um período de rejeição e raiva, chegou à conclusão de que deveria fazer o melhor por si mesma e pelos seus filhos. Por conta própria, Sue envolveu-se num período de profunda introspecção pessoal para descobrir o quanto gostava do trabalho e para explorar interiormente a expressão desse gosto.

Em vez de se mudar, como exigia a empresa, Sue resolveu deixar o emprego e começar seu próprio negócio como consultora independente. A indenização que recebeu da empresa onde trabalhava foi suficiente para manter Sue e os filhos dela durante seis meses. Depois de abrir seu próprio negócio, ela conseguiu fechar vários contratos de consultoria que garantiriam a ela uma renda a longo prazo. Os contratos também exigiam uma reciclagem profissional, o que ela não tinha tempo de fazer em seu serviço anterior. Essas novas oportunidades fortaleceram-lhe o entusiasmo e estimularam a sede de aprender. Uma outra vantagem é que Sue tem horários bastante flexíveis na sua empresa, e isso lhe permite passar mais tempo com os filhos.

Com essa história, podemos ver que, algumas vezes, o que parece ser uma crise é, na verdade, uma oportunidade disfarçada. Ao olharmos para dentro de nós e ouvir nossa vozinha interior, descobrimos que ali encontraremos sempre as respostas de que precisamos. Depois de passarmos por esse tipo de transformação, nunca mais seremos os mesmos. É como passar por uma porta que leva à sabedoria interior e que desaparece atrás de nós assim que passamos por ela.

O novo local de trabalho exige espiritualidade

A seção anterior deixou claro que a espiritualidade é algo que temos de optar por usar como um recurso. Essa afirmação levanta algumas questões interessantes. Dado o aparente valor da espiritualidade, por que ela não é, visivelmente, mais dominante no local de trabalho? E mais: deixando de lado aquilo que pensamos serem obrigações da liderança, por que não decidimos, individualmente, trazer à tona essa força interior? E a necessidade de espiritualidade é, por acaso, inevitável? As soluções desses problemas podem ser deduzidas com a história que contaremos a seguir.

Marjorie Stapleton era casada, tinha dois filhos e havia trabalhado numa grande empresa da área de saúde, durante quinze anos. Ela entrara na empresa quando tinha vinte e poucos anos, mas à medida que ia obtendo sucesso no trabalho, os conflitos familiares se tornavam cada vez maiores. Marjorie foi educada dentro de uma estrutura familiar tradicional, na qual a carreira da mulher ficava em segundo plano com relação à carreira do homem. Na verdade, de acordo com esse ponto de vista bastante tradicional, a mulher não deveria ter uma carreira mas, simplesmente, um emprego (e mesmo assim, apenas se esse emprego fosse conveniente para a família). Assim, quando Marjorie se casou, esperava-se que ela desse conta das suas tarefas domésticas, além de manter o seu emprego.

O sucesso de Marjorie no trabalho começou a transformar seu emprego em uma carreira. Uma grande fonte do seu sucesso era a habilidade que tinha para administrar funcionários com personalidades diferentes. Essa era uma habilidade que Marjorie havia adquirido no processo do seu desenvolvimento pessoal. À medida que suas responsabilidades aumentavam, ela passava a recorrer mais e mais àquilo que ela mesma descreve como sua "força interior". Para ela, essa ligação com o eu interior foi adquirida por meio de meditações matinais diárias. Ao *ouvir* e *seguir* sua voz interior, Marjorie começou a redefinir-se, redefinir suas aspirações profissionais e também suas relações familiares.

A situação pela qual passava chegou ao extremo quando ela, ao que parece, teve de escolher entre a família e a carreira. Essa crise pessoal levou a uma série de discussões em altos brados com o marido, e que, de fato, ameaçaram o casamento. Felizmente, Marjorie estava casada com um homem que era capaz de perceber a necessidade de mudar, se quisesse que o casamento sobrevivesse. Depois de discutir intensamente, Marjorie e seu marido decidiram, em conjunto, redefinir seu contrato de casamento na prática para garantir as aspirações de Marjorie com relação à própria carreira. Como casal, eles descobriram que o segredo para se manter um casamento bem-sucedido e se ajustar ao local de trabalho do qual fazem parte é concentrar-se continuamente naquilo que é melhor para cada um deles.

A crise pessoal de Marjorie pode ser muito particular, mas o tema é comum. Quando as aspirações de um companheiro mudam radicalmente, é preciso que o casal faça ajustes significativos para que o relacionamento não seja afetado. Ao lidar com situações dessa natureza, somos muitas vezes obrigados a procurar soluções que estão além de nossas crenças e valores tradicionais, os quais podem ter pouca relevância no mundo de hoje. Essa procura exige uma coragem para a qual nunca tivemos de apelar anteriormente. A conclusão a que podemos chegar é que a opção de ignorar a busca espiritual está desaparecendo rapidamente. Tanto o local de trabalho quanto os valores mutáveis da sociedade vão continuar a causar situações e crises que exigirão soluções baseadas no "espaço interior".

Podemos apontar o fato de que, em 1999, consideramos a destituição de um presidente dos Estados Unidos, não por causa de seu desempenho, nem por ele haver, tecnicamente, infringido a lei, mas, devido ao seu caráter moral, que muitos consideravam falho. Isso significa que estava em jogo uma qualidade espiritual. Assim, sejam jovens à procura de respostas espirituais; vaga-lumes místicos em um comercial da Nissan; monges budistas usando a telepatia em um comercial da IBM; filmes como *Encontro Marcado*, *Fenômeno* e *Amor Além da Vida*; séries de TV como *Arquivo X*, *O Toque de um Anjo* e *Millennium*; liderança baseada em valores; seja o que for, a expressão aberta da espiritualidade está se tornando parte integrante da nossa vida pessoal e profissional. A necessidade de adaptação no local de trabalho será intensificada apenas no século XXI.

A espiritualidade é inevitável

Se a espiritualidade for, de fato, inevitável, como fazer parte do processo espiritual? A resposta é: através da transformação coletiva e individual.

Transformação é o processo de abandonar crenças que não servem mais para um propósito construtivo. Um exemplo de transformação pessoal é o entendimento de que o nosso sucesso pessoal nunca deve ser conseguido colocando em risco o sucesso do grupo. Essa compreensão representa uma mudança radical para a pessoa que valorizou e praticou um individualismo extremo por quase toda a sua vida e foi recompensado por ele. Um exemplo de transformação coletiva seria realizar uma mudança organizacional que abolisse as nomeações e instituísse a autorização para agir, como descrito no exemplo a seguir.

Quando, no final dos anos 80, a Texas Instruments começou a operar com base no trabalho de equipe, ela deu forte ênfase à autorização para agir. Esperava-se que os funcionários apreendessem o significado dessa atitude e a maneira de implementá-la. Alguns funcionários eram contrários a ela; preferiam o modo de operação anterior, controlado pela administração, ao modo novo de automotivação; preferiam as determinações diretas de trabalho à autonomia de ação, baseada num desempenho comprovado; e, finalmente, consideravam o emprego como um direito, e não como um privilégio.

Um setor da empresa foi escolhido para fazer essa mudança durante alguns anos, de acordo com a verba destinada para esse fim. A transição obrigou que os funcionários enfrentassem e invalidassem as crenças limitadoras que tinham incorporado a respeito da própria capacidade de desempenho. Entre essas crenças, havia: "Fazemos o que nos dizem para fazer", "Não temos autoridade para agir por conta própria de forma responsável" e "Achamos que não estamos preparados para ser autorizados a agir".

Para alcançar os objetivos, criaram-se grupos e uma série de metas desafiadoras para cada um deles. Metas desafiadoras, por definição, exigem um novo aprendizado e, além disso, desafiam a validade das crenças limitadoras, como as citadas anteriormente. À medida que os vários grupos começavam a alcançar seus objetivos com sucesso, passavam a adquirir mais confiança na própria habilidade para atuar de forma autodirigida. Eles começaram a aprender que, na verdade, existem poucas limitações, ou talvez nenhuma, para suas capacidades. O problema era a *disposição* que teriam para enfrentar essas limitações aparentes. Confrontar e invalidar limitações auto-impostas, recorrendo ao processo de atingir objetivos desafiadores, é a essência da transformação. Dessa maneira, a transformação, conduzida por padrões de desempenho mais altos, é parte inevitável e contínua da vida profissional.

O renascimento de Joel Watson

A transformação é o primeiro passo para que nos adaptemos à mudança. Algumas vezes, somos obrigados a mudar, como ilustra a história de Joel Watson.

Joel Watson é presidente e diretor-executivo de uma pequena empresa que produz contêineres para transporte de gêneros alimentícios. À medida que seu empreendimento prosperava, era cada vez maior sua preocupação com a proporção entre o faturamento e o número de funcionários da empresa. Joel queria que essa taxa fosse a mais alta possível. Esse princípio operacional básico significava que, muitas vezes, ele era obrigado a fazer horas extras. E isso virou uma norma de trabalho. Grande parte do controle de qualidade, ele mesmo fazia, com o objetivo de garantir o serviço que os influentes consumidores de sua empresa esperavam. Era comum que ele forçasse os empregados a cumprir sua meta de eliminar por completo os defeitos de fabricação. Nesse aspecto, seu sucesso era apenas parcial, pois, muitas vezes, acabava ele mesmo por verificar a qualidade do serviço dos funcionários, para que estivesse dentro desse padrão.

Uma noite, quando trabalhava até mais tarde, Joel sofreu um ataque do coração e quase morreu. Durante o restabelecimento no hospital, ele teve tempo para refletir seriamente sobre a maneira como estava vivendo e sobre o que de fato era importante para ele. Descobriu então que seu trabalho não era mais divertido como tinha sido no começo. Ele percebeu, também, que se considerava uma parte indispensável ao funcionamento da empresa. Sem a sua constante atenção aos pormenores, algo poderia "sair dos trilhos". Essa crença foi não apenas invalidada, mas também arrasada durante sua convalescença.

Quando voltou ao trabalho, Joel passou a ser muito mais tolerante com relação aos esforços que seus funcionários tinham de fazer para alcançar o mesmo padrão de qualidade alcançado por ele. Joel concluiu que, para a empresa sobreviver e prosperar, ele *e* seus funcionários deveriam agir em conjunto, assumindo juntos a liderança da empresa. Como resultado dessa nova maneira de enxergar o problema, Joel voltou a entrar em sintonia com o entusiasmo natural que sentia quando começara o negócio. Seus funcionários reagiram com entusiasmo quando ficou claro que o sucesso ou o fracasso da empresa dependeria do comprometimento, da disposição e da liderança de todos. O empreendimento passou, então, por um renascimento, talvez porque Joel estivesse vivendo seu próprio renascimento.

Por sua própria conta, Joel passou por uma forma traumática de transformação, uma "crise existencial". Isso significa uma crise do ser. Esse tipo de transformação redefine "quem somos", que é a força propulsora por trás do papel que cumprimos na vida. Em última análise, essa força propulsora vem do nosso eu interior. A história de Joel retrata como uma crise pessoal pode ser, o mais das vezes, o impulso para um despertar.

Como conduzir a mudança espiritual!

Muitos executivos de alto escalão e diretores-executivos, mesmo quando se sentem limitados pelas exigências de seu ambiente de negócios, trabalham a partir de uma perspectiva espiritual, usando caminhos próprios. Por exemplo, Jerry Junkins, o finado presidente da Texas Instruments, selecionou, instituiu e praticou princípios humanistas. Ele agiu de forma compatível com as necessidades comerciais de sua empresa, seguro de que o relacionamento que travava com os outros tinha bases espirituais.

Les Alberthal, ex-presidente e diretor-executivo da Electronic Data Systems (EDS), é outro cujo estilo de liderança refletia uma preocupação profunda com as pessoas. Podemos mencionar ainda os exemplos de Jim Blanchard, presidente e diretor-executivo da Synovous Financial em Columbus, na Georgia, e Herb Kellerman, presidente e diretor-executivo da Southwest Airlines. O tipo de liderança exercida por essas pessoas tem características profundamente arraigadas nos valores éticos e princípios humanistas. Creio que bem mais de cinqüenta por cento da força de trabalho atual integra a espiritualidade em sua vida de maneira particularmente apropriada. Isso significa, por exemplo, um equilíbrio prático entre a vida em casa e no trabalho; um objetivo de sucesso fundamentado espiritualmente; cuidados com o corpo através da integração com o espírito; engajamento na preservação do meio ambiente; recuperação dos valores da América nativa; e a prática de alimentação vegetariana.

Quando uma pessoa é colocada diante de sua própria mortalidade, como aconteceu com Joel Watson, ela geralmente perde o medo de promover o resultado dessa revelação. Por exemplo, o sistema de valores baseado na espiritualidade que Joel convenceu a sua organização a adotar foi o seguinte:

1. Tratar os outros com dignidade, respeito e amor.
2. Ver a igualdade humana como a base de um comportamento ético.
3. Perceber que tudo o que existe é interdependente e está interligado: natureza, animais e seres humanos.
4. Ver a empresa, a comunidade, o país e o mundo como uma coisa só.

A empresa de Joel passou por uma mudança profunda quando esse sistema de valores tornou-se uma realidade. Ele também percebeu um significativo aumento no desempenho, na produtividade, no crescimento e no bem-estar dos funcionários.

À medida que o hiato entre causa e efeito torna-se mais curto, as organizações passam a necessitar, cada vez mais, de um sistema de valores baseado na *prevenção* de crises. Isso significa a incorporação de valores que preservem a dignidade, a saúde e o bem-estar de todos os funcionários e, por extensão lógica, os valores que refletem responsabilidade com a sociedade e com o meio ambiente. Por exemplo, quando os primeiros europeus colonizaram a América, eles passaram a habitar uma terra antiga já ocupada pelos nativos deste continente há aproximadamente 2.500 anos. Compare isso com o impacto, em nome do progresso, que provocamos no mesmo meio ambiente em menos de quatrocentos anos.

A base desse novo sistema de valores mencionado acima tem de ser de concepção e prática espirituais, pois só assim será eficaz, de longo alcance e duradouro. Temos de nos considerar inerentemente ligados à natureza, aos animais e uns aos outros. Essa relação é ativada quando compreendemos que o que é produzido por nós e afeta adversamente a biosfera acabará por afetar a nós mesmos no futuro; e, cada vez mais, em períodos de tempo cada vez menores. Hoje, essa maneira de pensar tem inspirado práticas espirituais no local de trabalho, tomadas, se não pelos líderes escolhidos, então por ações anônimas dos trabalhadores.

Espiritualidade significa responsabilidade moral

Temos responsabilidade moral uns com relação aos outros? Se a resposta é sim, qual é a fonte dessa motivação? Qual é a força propulsora que nos "inspira naturalmente" a assumir responsabilidades e a realizar ações que produzam mudanças onde existe desigualdade? A força propulsora é a nossa espiritualidade e, geralmente, ela é ativada por um acontecimento que muda a nossa vida. Um exemplo de um acontecimento desse tipo, em um caso envolvendo a igualdade humana, é a história de Les Harrison.

Les era supervisor de uma fábrica de processamento de uma corporação no sul da Califórnia. Essa corporação empregava um grande número de norte-americanos de origem mexicana e muitos deles falavam inglês como segunda língua. Les era do sul dos Estados Unidos e havia sido criado em um bairro etnicamente homogêneo. Via de regra, pessoas de outra localidade eram consideradas, na melhor hipótese, suspeitas e, na pior, indesejáveis. Les não sabia falar espanhol e não se sentia à vontade quando seus funcionários falavam espanhol durante o trabalho. Conseqüentemente, entre os norte-americanos de origem mexicana, apenas aqueles que de fato falavam um inglês impecável eram promovidos a cargos de direção na fábrica. Embora essa prática fosse questionável, os superiores de Les "lavavam as mãos" com relação ao que acontecia na fábrica desde que as cotas de produção fossem alcançadas.

Numa noite, quando Les supervisionava o último turno, seu braço ficou preso numa das máquinas. Imediatamente, ele entrou em estado de choque, resultado do braço quebrado, do tecido estendido e do músculo afetado. Sua respiração tornou-se difícil e irregular, e ele estava sangrando pelo fato de o osso quebrado ter penetrado na carne. Luís, um funcionário norte-americano de origem mexicana, que havia trabalhado como enfermeiro, imediatamente começou a fazer respiração boca a boca para ressuscitar Les. Depois que ele voltou a respirar regularmente, Luís aplicou-lhe um torniquete no antebraço para que parasse de sangrar. Depois, ajeitou o braço quebrado e aplicou uma bolsa de gelo improvisada para diminuir o inchaço. Luís também pegou cobertores no armário de primeiros-socorros para manter Les aquecido e evitar os efeitos do choque. Logo depois, os paramédicos chegaram e levaram-no para o hospital.

Mais tarde, Les soube que o tratamento especializado feito por Luís evitou que seu braço tivesse uma lesão permanente. Durante o restabelecimento no hospital, Les refletiu sobre a forma como vinha tratando Luís. Considerava-o agressivo e contraproducente simplesmente porque, muitas vezes, ele questionava o seu estilo de administração e o seu critério de promoções. Certa vez, Luís quase acusou Les de considerar os norte-americanos de origem mexicana inferiores. Deitado na cama do hospital, Les percebeu que, por trás de tudo isso, a acusação, provavelmente, era justa. Percebeu o quanto o incomodava a idéia de que os norte-americanos de origem mexicana obtivessem ganhos como aqueles obtidos pelos afro-americanos depois de anos de protesto. À medida que essa compreensão se manifestava de forma consciente, Les experimentava sentimentos profundos de vergonha, culpa e humildade.

O que eu não disse até agora é que Les é um norte-americano de origem africana. À medida que refletia sobre a educação que havia recebido no sul, ele percebeu que estava fazendo exatamente o que haviam feito com ele. Ele estava sendo tão preconceituoso como qualquer outro, mas, até aquele momento, não tivera a oportunidade de prejudicar os outros com esse comportamento. Somente depois de assumir um cargo de direção, ele estabeleceu uma prática de promover aqueles com quem se sentia mais à vontade. Quando não entendia alguma coisa, como acontecia com a língua espanhola, a suspeita e o medo controlavam seu comportamento.

Em algum lugar do seu íntimo, Les estava ligado com uma parte de si que se comprometia a nunca mais discriminar conscientemente uma outra pessoa. Ele voltou transformado para o trabalho e perdeu parte do medo de promover a diversidade em sua empresa. Ele estabeleceu objetivos para que os representantes do comitê de diretrizes refletissem a composição étnica do corpo de funcionários. Ele deixou claro que não permitiria qualquer forma de discriminação na empresa.

Esse entendimento resultou numa transformação em suas crenças a respeito da igualdade humana. Quando se ligou à sua espiritualidade interior, ele reconheceu que o comportamento que adotara até então era uma *violação moral* do código de ética que aprendera. Como resultado, ele aceitou a responsabilidade moral pelo ambiente de trabalho que havia criado e dedicou-se a promover mudanças nesse ambiente.

Isso é muito importante para a compreensão de que a desigualdade existe, e de que nós, ou somos agentes de mudança ou partidários do *status quo*. Não existe uma posição neutra! Além da responsabilidade moral com relação ao local de trabalho, nós também temos a responsabilidade social com relação ao meio ambiente.

Espiritualidade e responsabilidade social

Um dos principais objetivos do "Movimento Gaia", cujo nome baseia-se no da Mãe Terra, é convencer as pessoas de que o planeta é um organismo vivo. E, assim, fazer com que elas compreendam que dependemos da saúde desse organismo vivo para dar continuidade à nossa própria existência. Minha observação é a seguinte: como cultura, geralmente consideramos a Terra como um objeto inanimado e, assim, podemos usá-lo e abusar dela da forma mais conveniente. Sempre colocamos o lucro monetário em primeiro lugar, pois acreditamos que a tecnologia irá reparar os danos que provocarmos. Apesar do aparente valor a curto prazo que deduzimos dos sucessos econômicos dos empreendimentos, nós não admitimos, na verdade, o tributo permanente que a Terra paga por nossas imprudentes atividades.

Por exemplo, poucas pessoas estão cientes de que a mineração do ouro é praticada, e muito, no Oeste. Os Estados Unidos têm uma lei de 1872 intitulada "Lei Geral sobre Mineração" que permite a qualquer pessoa, de qualquer país, comprar propriedades norte-americanas para mineração do ouro a um custo de cinco dólares o acre. Os resultados da mineração do ouro, que estão muito bem documentados, são rios poluídos, prejuízos à fauna, destruição das paisagens e a permanente redução dos lençóis subterrâneos. A febre do ouro é alimentada por *nossa* demanda por jóias feitas com esse metal. Dessa maneira, somos *todos* personagens desse drama humano-ambiental, e todos vamos sofrer as conseqüências dessas ações; se não formos nós, serão nossos filhos.

Em 1996, foi feita uma série de propostas com relação a atividades de mineração, para que fossem postas em prática perto do Parque Nacional de Yellowstone e dos Black Hills, em Dakota do Sul. Embora as companhias de mineração se comprometessem com a preservação do meio ambiente, ainda acontecem acidentes com lançamento de ácido sulfúrico, que é venenoso, nos rios e nos córregos. A população local ficou dividida entre o impacto ambiental a longo prazo, e os empregos e os estímulos econômicos a curto prazo. Por fim, em 1998, a proposta de mineração em Yellowstone foi rejeitada.

O projeto de mineração do ouro em Summitville, no Colorado, é um bom exemplo da falta de previsibilidade das atividades de mineração que ocorrem em áreas ambientalmente frágeis. Por causa de um erro no projeto de construção de uma mina e de uma forte nevasca, a quebra das vigas-mestras resultou em um trecho de 27 quilômetros de águas contaminadas por fuligem e substâncias tóxicas. A empresa canadense que operava a mina abriu falência e os contribuintes norte-americanos arcaram com o custo da limpeza. Esse acontecimento foi chamado de "poço de ouro". A empresa mineradora ficou com o ouro e os contribuintes, com o poço!

O Estado de Nevada é responsável por cerca de metade do ouro de lavagem extraído nos Estados Unidos. Em um Estado deserto, onde a água é o combustível da vida, o funcionamento de minas não apenas requer o bombeamento de enormes quantidades de água dos lençóis subterrâneos, como também diminui, em conseqüência disso, o volume de água dos lençóis freáticos usados pelos fazendeiros e por outras pessoas para a sobrevivência. O resultado da mineração é a contaminação da água com metais pesados como o arsênico, o mercúrio, o selênio e o cromo. As superfícies dos lagos poluídos matam pássaros e veados regularmente, apesar das tentativas de proteção. As mineradoras simplesmente pagam multas e impostos. Assim, qual seria a razão de se expor esses fatos? O que podemos mudar em um mundo com aumento contínuo do consumo? Podemos começar a assumir a responsabilidade, como indivíduos, por nosso papel na propagação desse "consumismo desenfreado". E depois, tomar uma atitude que modifique a nossa maneira de pensar e o nosso comportamento diário, de modo que cada um de nós assuma um determinado nível de comprometimento com a preservação do planeta para a existência humana.

Fazemos parte do planeta, não somos senhores dele

A verdadeira questão se resume a valores. A que damos mais valor: à nossa assim chamada liberdade para explorar o planeta, ou à responsabilidade que temos com relação ao meio ambiente? Precisamos de uma crise para gerar escândalos e desencadear ações? A não ser que mudemos nosso atual comportamento, essa dicotomia vai apenas continuar a conduzir à morte o planeta; e, em conseqüência, a um meio ambiente hostil à continuidade de nossa existência.

Em princípio, precisamos de uma transformação espiritual para compreender que fazemos parte do planeta, não somos senhores que pretendem conquistá-lo. Felizmente, existe um movimento cada vez maior nos Estados Unidos e em todos os lugares onde as organizações e os indivíduos estão assumindo maior responsabilidade ambiental sem a necessidade de legislações estaduais ou federais. Organizações como o Sierra Club, o Environmental Defense Fund e outros grupos ambientalistas são incansáveis em seus esforços para manter o público informado a respeito da preservação ambiental e para incentivá-lo a participar ativamente desses esforços.

Além disso, existe um número cada vez maior de empresas socialmente responsáveis que estão reavaliando o impacto de seus produtos ou derivados sobre o meio ambiente, sobre os animais e, por fim, sobre os seres humanos, através da cadeia alimentar. Essas reavaliações também são feitas sem a necessidade de intervenção governamental. Ao contrário, elas ocorrem antes, durante e após a produção, como uma questão de responsabilidade social. Essas organizações encaram a sensibilidade ambiental e o lucro como coisas compatíveis entre si. Elas também consideram a responsabilidade para com o meio ambiente como uma obrigação social. Dessa forma, elas assumem a iniciativa de estabelecer uma relação cooperativa com os grupos ecológicos para os quais o bem-estar do planeta é de importância vital. Uma relação antagônica entre eles seria inaceitável.

Uma organização que aceitou, de forma voluntária, a responsabilidade social pelo meio ambiente é a Patagonia,[4] produtora e distribuidora de roupas esportivas. Ao reavaliar o funcionamento da empresa, a diretoria decidiu que todas as fábricas da Patagonia iriam se envolver com reciclagem e elaboração de adubo, teriam terras férteis e controlariam o uso de energia com a aplicação de substâncias isolantes para evitar desperdício. Posteriormente, a empresa decidiu usar apenas papel reciclável, compartilhar o uso de automóveis e eliminar o uso de copos de papel. De uma perspectiva a longo prazo, eles começaram a reavaliar o impacto ambiental das roupas que produziam. A empresa empreendeu ações para tratar de problemas como poluição, inseticidas e o volume de lã obtida de rebanhos de carneiros e cabras que, com freqüência, desnudam terras ambientalmente frágeis.

A Terra vai continuar existindo, com ou sem a nossa presença

O verdadeiro problema que temos de resolver é este: "desejos *versus* necessidades". O que realmente precisamos, no que se refere ao acúmulo de bens e serviços, para existir de forma compatível com o ambiente do planeta e com *todos* os seus habitantes? Ao responder essa pergunta é importante não perder de vista que a maioria de nós ainda não aceitou realmente o fato de que o planeta Terra é finito. Ele possui recursos finitos e vulnerabilidades reais quanto à manutenção de seu próprio equilíbrio. Ainda continuamos a construir, represar, produzir e consumir em um ritmo acelerado, sem que nos preocupemos muito com as implicações ambientais de curto ou longo prazo.

A solução para esse dilema seria adotar uma "nova consciência" no que diz respeito ao sistema Terra. Isso significa entender que a humanidade é parte integral do interligado sistema Terra, e que cada elemento, fenômeno ou espécie está vivo espiritualmente. *Nós não temos domínio sobre o sistema Terra!* Somos, simplesmente, parte dele. Dessa maneira, não podemos destruí-lo nem salvá-lo! Temos apenas capacidade para influenciar a existência e a transformação de certo número de formas de vida na Terra. Compreender esse fato é essencial para nós. Pois quando o sistema Terra chegar a um alto grau de desequilíbrio (por causa dos abusos da humanidade), ele fará uma limpeza em si mesmo para se livrar dos depósitos não-naturais e das pressões causadas pela poluição, pelas construções, pela criação de represas e pelas destruições. Assim, preservar o planeta significa, *de fato*, sustentar a nossa própria existência. O planeta vai triunfar com ou sem a nossa presença!

Espiritualidade e cooperação

Cada vez mais se compreende que o sucesso dos negócios a longo prazo está relacionado muito mais à cooperação do que à disputa acirrada. A natureza dessa compreensão é espiritual. Significa aceitar que entre tipos semelhantes de negócios existe uma ligação inerente. E esse entendimento assume formas conhecidas como alianças estratégicas, parcerias e, até mesmo, incentivo e apoio ao sucesso de outros empreendimentos. Uma importante verdade implícita nessa prática é que o mercado é suficientemente grande para comportar empresas que procuram promover não apenas o seu próprio sucesso como também o sucesso dos outros. A percepção dessa interdependência é outra característica praticada pelas Empresas Vivas. Essa mudança de pensamento, da escassez para a abundância, também é espiritual por natureza. Temos como exemplos de relações cooperativas nos negócios: a Microsoft e a Intel, a Apple Computer e a Motorola, a Innovations International e a In Partnership Consulting de Oakland, na Califórnia, e a Health Alliance of Greater Cincinnati, em Ohio.

A Intel fornece os chips que ativam os programas da Microsoft nos computadores pessoais. A Motorola produz a unidade de processamento central (CPU) que ativa o computador da Apple. A Innovations e a In Partnership Consulting seriam vistas, normalmente, como concorrentes, mas, na verdade, formaram uma aliança estratégica para promover programas úteis, seminários e consultoria especializada, ministrados em conjunto pelas duas empresas. Elas trabalham juntas como empresas agregadas ao mesmo tempo que mantêm suas atividades independentes. A Innovations entra com a experiência que possui em planejamento de seminários e programas de apoio, *marketing* e vendas. A In Partnership Consulting oferece, por seu turno, sua excepcional experiência em apresentação de seminários, em programas de apoio e consultoria. A fim de oferecer serviços médicos com maior eficiência na região da grande Cincinnati, a Health Alliance uniu os hospitais The Christ Hospital, University Hospital, The St. Luke Hospitals e The Jewish Hospitals. Essa aliança especializou-se em tratamentos cardíacos, saúde da mulher, saúde de pessoas idosas, traumas e tratamento de câncer avançado. Ela dispõe de uma área para diagnóstico e apoio ao tratamento coordenada por especialistas, hospitais e centros de pesquisas.

Globalização e diversidade são sinônimos

O que se deve aprender, com base nesses exemplos de cooperação entre empresas, é que vivemos numa economia global de negócios inter-relacionados mais do que de segmentos competitivos, como a Orla do Pacífico, o Acordo de Livre Comércio da América do Norte (NAFTA) e a Comunidade Econômica Européia. Na verdade, essas regiões são partes cruciais do sistema global interdependente. A crise asiática de 1998 afetou de maneira considerável todas as regiões do mundo, em pequena e grande escala. As transações comerciais atravessaram fronteiras ideológicas como nenhum outro sistema societário. Essas transações nos proporcionam a oportunidade de forjar novos paradigmas de pensamento que criem um contexto comum de operação intercontinental.

Por exemplo, as empresas com sede em países específicos começam a de fato se globalizar. Elas irão enfrentar a necessidade de operar dentro de um conjunto comum de valores, princípios e sistemas éticos centrais, criados para atender à cultura de cada país em particular. O objetivo é promover práticas de trabalho que estejam em sintonia com o sistema de valores fundamental de uma dada cultura, contanto que os índices necessários de desempenho do empreendimento sejam alcançados (por exemplo, que a operação seja lucrativa, produtiva e capaz de apoiar os funcionários).

No lado oriental do planeta, o valor do grupo está de tal forma arraigado na cultura que o trabalho em equipe seria uma parte dominante das práticas de trabalho nessa região. No lado ocidental do planeta, sempre foi dada uma importância muito grande à contribuição individual. O verdadeiro desafio da globalização será criar um "novo paradigma de negócios" que abarque, de modo compatível, ambas as formas, assim como a variedade de valores culturais globais inteiramente diferentes. Isso é o que se quer dizer com "compatibilidade global de uma perspectiva de negócios". Nesse sentido, globalização e diversidade são sinônimos.

Sugerimos, nas próximas páginas, dez exercícios para ajudá-lo a se religar à sua espiritualidade.

Dez exercícios para se religar à espiritualidade

1. Medite diariamente de dez a quinze minutos.

   Primeiro, pratique sentado (ou deitado) tranqüilamente, *pensando* em qualquer coisa que venha à sua mente.

   Depois, pratique sentado (ou deitado) tranqüilamente, *ouvindo* seus próprios pensamentos. Quando sua mente parar de ouvir, você estará ligado à sua espiritualidade.

2. Esquie ou caminhe fora das trilhas normais e, conscientemente, concentre sua atenção nos arredores, sem pensar ou fazer julgamentos. Apenas tente fazer parte do ambiente, como a neve, uma árvore ou um coelho.

3. Segure uma criança, fixe o olhar nos olhos dela e deixe a mente intuir, de maneira espontânea, qual é a mensagem que a criança está lhe enviando.

4. Faça um exercício de imaginação no qual você inventa um conselheiro de confiança. Pergunte a ele: "Qual é minha maior barreira para me ligar à espiritualidade?" Ouça com calma a resposta espontânea que lhe será dada. Podem ser necessárias várias tentativas.

5. Antes de dormir, peça ao seu subconsciente para conduzi-lo numa jornada de exploração da sua consciência espiritual como um sonho. Esse pedido tem de ser sério para que seu subconsciente também o leve a sério!

6. Caminhe numa praia, de preferência à noite, e repare no pequeno mas significativo papel que você desempenha no todo. Escreva a respeito dessa experiência.

7. Observe uma alvorada como se estivesse vendo esse espetáculo pela primeira vez. Evite julgamentos, apenas *exista* ao lado dela.

8. Na próxima vez em que estiver em "êxtase", escreva, em pormenores, sobre os eventos e o contexto que o prepararam para sentir esse

"êxtase". Pratique preparando-se para experimentar esse "êxtase" sempre que quiser.

9. Quando sentir pena de si mesmo, encontre-se com alguém em pior situação do que a sua e tente sentir *empatia*, *compaixão*, *humildade* e *amor*. Todas elas são experiências de origem espiritual.

10. Envolva-se, com afinco, em atividades que desenvolvam o lado intuitivo: livros, fitas, técnicas e materiais de desenvolvimento pessoal que tratem de espiritualidade.

Comemore o seu sucesso! Você está em casa!

Capítulo 3

Pessoas: A única vantagem sustentável da competição

É maravilhoso quando pessoas de opiniões divergentes se reúnem, não para enfatizar suas diferenças, mas os pontos que têm em comum.

— Paramahansa Yogananda

Introdução

A chave para o sucesso contínuo de uma organização é atrair e manter pessoas sábias e com disposição para aprender. A pessoa sábia é aquele que desenvolveu a habilidade de integrar informações de forma criativa. Assim,

$$\textbf{Informação} \xrightarrow[\text{integrada}]{\text{de forma criativa}} \textbf{Conhecimento}$$

O conhecimento usado na aprendizagem pela experiência como, por exemplo, na superação de uma dificuldade, desafio ou crise, resulta em sabedoria. O ciclo contínuo de aquisição de sabedoria é:

$$\textbf{Conhecimento} \xrightarrow[\text{por meio da experiência}]{\text{aprendizado}} \textbf{Sabedoria}$$

No fundo, sabedoria é um jeito de ser que reflete uma profunda compreensão individual de si mesmo e dos outros. Esse nível de compreensão é uma habilidade emergente necessária para administração e liderança no mercado de trabalho atual. A fonte da sabedoria é a espiritualidade de cada um. A espiritualidade é também a fonte de imaginação, criatividade, intuição, visão, discernimento, inspiração e pensamento quântico. Até que medida essas características são parte integrante da cultura de uma organização é o que vai determinar, em grande parte, o seu sucesso futuro.

Essas características são inerentes às pessoas, e não a máquinas, programas de computador ou inteligência artificial. Elas são de natureza espiritual porque envolvem processos mentais que estão além do pensamento racional comum. Essas características correspondem às habilidades essenciais que devem ser desenvolvidas pelos funcionários para que eles consigam um alto desempenho. Conseqüentemente, pessoas de alto desempenho com autorização para agir são a única vantagem sustentável dentro de uma organização.

Neste capítulo, você vai saber como se tornar uma pessoa de alto desempenho com autorização para agir. E vai aprender ainda que o alto desempenho não é possível sem uma liderança que proporcione o devido apoio.

A base do alto desempenho

A base sobre a qual o alto desempenho está assentado é um alto nível de responsabilidade e comprometimento pessoais. *Responsabilidade pessoal significa disposição para considerar-se a principal origem dos resultados e das circunstâncias que ocorrem em sua própria vida, tanto de forma individual quanto coletiva.* Quanto mais nos considerarmos a origem principal, mais capazes seremos de responder ativamente às dificuldades ou aos desafios que surgem em nossa vida.

Sem esse senso de responsabilidade pessoal, é praticamente impossível começar a explorar o potencial de nossa capacidade criativa. A criatividade profunda exige uma intenção de aceitar a total responsabilidade pelo estabelecimento de condições que possibilitem o surgimento de idéias inovadoras.

Responsabilidade pessoal é a disposição para assumir os resultados obtidos na vida, tanto de forma individual quanto coletiva. A frase-chave dessa definição é "aceite os resultados". Aceitar os resultados, mesmo quando são injustos ou irracionais, confere-nos poder para transformar proativamente a situação "onde uns ganham e outros perdem" em um terreno bem-sucedido "onde todos ganham". Esses dois conceitos são ilustrados pelo desafio empresarial de Stan Anderson, que narraremos a seguir.

Stan Anderson — Uma história de mágoa e sabedoria

Stan Anderson havia fechado um contrato para produzir um novo e avançado programa de multimídia. Ele possuía o conhecimento técnico e o seu sócio no contrato era um especialista no desenvolvimento de programas de computador. Eles combinaram dividir os lucros da venda do programa em partes iguais, durante o primeiro ano. Ambos concordaram em empreender o "máximo esforço" para a venda do produto, tanto individualmente como em conjunto. Logo a seguir, o sócio de Stan passou por problemas de fluxo de caixa e teve de reavaliar os objetivos de seus negócios. Conseqüentemente, ele fez muito pouco para promover o produto. Stan, no entanto, obteve um grande empréstimo para promover e vender o programa.

Durante os seis primeiros meses, as vendas foram baixas. Stan ficou irritado com o sócio e pensou em processá-lo por quebra de contrato. À medida que foi passando por esse processo, ele notou que alguns de seus amigos sentiam pena dele, mas outros perguntavam o que ele iria fazer sem um sócio. Eles chamaram a atenção de Stan para o fato de os negócios serem imprevisíveis e de o sucesso depender de como se reage à adversidade. Quando chegou ao fundo do poço nesse processo, Stan decidiu que ter sucesso era mais importante do que ser uma vítima. Sua atitude sobre responsabilidade começou a mudar. Ele sempre se sentira muito responsável, mas nunca fora testado até esse ponto antes. É claro que o que aconteceu com ele era injusto, mas até que ponto isso era uma desculpa para abandonar a responsabilidade de tornar o seu programa um produto de sucesso? Stan chegou à conclusão de que, no final, apesar das circunstâncias, era ele o responsável. Então, resolveu comprometer-se inteiramente para tornar o programa um sucesso, independentemente do que o seu sócio fizesse para promover o produto.

É impressionante como os acontecimentos desenrolam-se a nosso favor quando decidimos nos comprometer até o fim, sem levar em conta o resultado. Uma semana depois, Stan foi procurado por uma empresa nacional de distribuição e comercialização de vídeos interessada em representar o programa. Seu produto havia sido muito bem recomendado por alguém que o havia experimentado e achado excelente! O poeta alemão Goethe escreveu uma passagem onde afirma que, assim que a pessoa se compromete completamente com alguma coisa, todas as formas de apoio começam a aparecer, mesmo as inimagináveis e imprevisíveis. Ele descreve esse fenômeno como um mistério do espírito humano. O que surgiu para Stan era exatamente o que ele precisava em proporções muito maiores do que ele havia esperado.

Aprendemos com esse exemplo que a responsabilidade e o comprometimento vão além da ética, dos valores e, até mesmo, dos contratos firmados. Mesmo quando essas expectativas são violadas por outros, nós continuamos responsáveis pelo que está por vir e comprometidos com esse futuro. Situações como a que Stan enfrentou, em geral obrigam-nos a olhar para dentro de nós mesmos, para profundezas nunca exploradas, em busca de coragem e de fé. Essas qualidades são espirituais por natureza porque vão além da racionalidade e da prova. Quando começamos a nos considerar completamente responsáveis pelos acontecimentos da nossa vida e completamente comprometidos com eles, a responsabilidade e o comprometimento tornam-se conceitos espirituais. Paramos de perguntar "Por que isso aconteceu comigo?", pois a maioria das explicações são totalmente irracionais. As explicações irracionais estão além da mente e implicam uma resolução no âmbito de nossa consciência espiritual.

Esse exemplo ilustra um processo de três etapas para a aquisição da sabedoria que deve ser praticada diariamente ao longo da vida:

1. *A aceitação da realidade*: a disposição para ir além da negação, da raiva, das negociações e da culpa e para aceitar a situação como ela é.[5]
2. *A experiência da humildade*: eliminar por completo a necessidade de vingança que o nosso ego tem quando passamos por situações injustas.
3. *O alcance da paz interior*: a adoção de uma atitude neutra, sem julgamentos, a respeito dos acontecimentos e das outras pessoas em nossa vida.

Agora temos a base necessária para nos tornar pessoas de alto desempenho: a aceitação de total responsabilidade e do comprometimento com relação à nossa vida. Podemos agora trabalhar sobre esses fundamentos, de acordo com as nossas capacidades pessoais e, portanto, exclusivas. Quando essas capacidades são postas em prática para produzir um excelente desempenho, começamos a compreender de verdade o que significa ter autorização para agir.

A pessoa com autorização para agir

A autorização para agir (*empowerment*) é um dos conceitos mais importantes para o sucesso no século XXI, e também um dos mais confusos. *Autorização para agir não é o ato de delegar!* Delegar é essencial para a implementação, mas não define a autorização para agir. *A autorização para agir é a capacidade de execução*. Com relação ao local de trabalho, é a *capacidade de produzir* algo de suficiente valor, pelo qual um empregador ou cliente esteja disposto a pagar. A autorização para agir não significa a irresponsabilidade de delegar poder a alguém para fazer alguma coisa desproporcional com relação à capacidade dessa pessoa. Significa, no entanto, que esta precisa estabelecer meios mensuráveis de comprometimento *diante* do fato. Para a maioria de nós, a autorização para agir não é algo que possamos *dar* ao outro. "Ter autorização para agir" é ter competência e autoridade para empreender suas tarefas dentro de diretrizes estabelecidas com antecedência pelo supervisor e pelo funcionário. A liberdade para conduzir suas responsabilidades com o mínimo possível de supervisão ou gerenciamento é obtida com base na competência e no desempenho obtido.

Conseqüentemente, a pessoa com autorização para agir é aquela:

1. *Altamente competente*
2. *Capaz de exercer a auto-administração*
3. *Que está sempre aprendendo*

Exercer a auto-administração é o requisito mais difícil tanto para funcionários como para os administradores. Abrange a capacidade de *planejar*, de *estabelecer prioridades*, de *determinar* e *pôr em prática* as tarefas com o mínimo possível de supervisão ou direção. Esse comportamento é vital para compreendermos que a *administração* não deixa de ser necessária quando a autorização para agir é colocada em prática — embora a ênfase nos *administradores* diminua. Ao contrário, a administração é delegada ao indivíduo ou ao grupo que, como resultado, assume maior autoridade. Algumas formas práticas de despertar as quatro características mencionadas são dadas a seguir.

Para colocar em prática a autorização para agir, a administração e a supervisão do trabalho dos funcionários precisam ser reduzidas ao mínimo. Isso significa que cada funcionário torna-se responsável por garantir a qualidade do seu próprio trabalho. No processo de produção, o gerente de controle de qualidade deve ser pouco, ou quase nada, necessário. Quando são instalados sistemas de computação para um cliente, basta que eles funcionem! Nos locais onde a documentação repetitiva é uma rotina, é necessário excelente domínio de gramática, escrita e compreensão do uso da documentação. Esses são exemplos de auto-administração. Esse modo de operar está baseado em um alto grau de responsabilidade e comprometimento pessoais.

Gwen Mallory — Quando a atitude é agressiva, a agressividade busca a autorização para agir

Se a essência da autorização para agir é o desempenho, então ela é a capacidade de um indivíduo para realizar o trabalho. Essa capacidade é medida em termos dos valores, da educação, da habilidade e competência da pessoa. Uma das grandes limitações impostas por nós mesmos, com relação aos valores, é a adoção de uma atitude agressiva a respeito do sucesso à custa da qualidade das relações pessoais. Essa atitude pode servir de motivação quando somos mais jovens, mas pode ser contraproducente para um adulto no local de trabalho. O resultado é um desempenho limitado, que não tem relação direta com a nossa competência. Essa situação é ilustrada pela experiência de Gwen Mallory.

Depois de se graduar em uma renomada faculdade de engenharia, Gwen Mallory aceitou um cargo numa empresa importante. Embora estivesse entre os melhores alunos de sua turma, seu desempenho geral durante o primeiro ano foi classificado apenas como "bom". Seus colegas de trabalho descreviam-na como "agressiva" e "autoritária". Logo começaram a evitá-la. Nas reuniões, as coisas que ela sugeria eram ouvidas, mas raramente seguidas. Ela começou a ficar ressentida com a forma pela qual era tratada. Sua situação chegou ao limite quando um engenheiro que entrara na empresa na mesma época que ela foi promovido. Imediatamente Gwen apresentou seu pedido de demissão e foi admitida por outra empresa depois de dois meses.

Gwen prometeu fazer com que esse novo emprego fosse um sucesso e prometeu também evitar a situação vivida antes na outra empresa. Afinal, podia ser que as críticas fossem verdadeiras, pelo menos em parte. Ela estava determinada a acabar com a reputação de "agressiva" ou "autoritária" que tinha antes, nesse novo trabalho. Mas, apesar de seus esforços nesse sentido, os novos colegas começaram a avaliá-la da mesma forma. Felizmente, uma engenheira-chefe, Marsha Wheeling, convidou Gwen para jantar a fim de relatar-lhe sua experiência e contar-lhe as conclusões a que havia chegado.

A primeira conclusão era que aprendera a aceitar, a curto prazo, o *fato* de que o campo de trabalho não era fácil para mulheres. Essa situação mudaria de forma gradativa à medida que mais mulheres assumissem posições-chave na organização. Marsha explicou que aceitar a realidade não significava concordar com ela, mas, ao contrário, comportar-se de forma a não reagir a ela quando ela se apresentasse. Gwen contou que havia competido com homens a maior parte da vida, inclusive no momento em que decidiu ser engenheira. Por isso, ela havia desenvolvido a "agressividade", em grande parte para se proteger e não ser desencorajada, nem desistir. Marsha também havia passado por uma fase semelhante, mas acabara por descobrir que, embora essa atitude tivesse sido útil no segundo grau e na faculdade, ela era contraproducente para sua carreira quando adulta. Na verdade, essa atitude poderia sabotar sua carreira. Finalmente, ela explicou a Gwen que existem duas grandes crenças predominantes no mercado de trabalho, com as quais as mulheres são forçadas a lidar: primeiro, "as mulheres são excessivamente emotivas para reagir de forma profissional a situações difíceis" e, segundo, as "mulheres não são tão comprometidas com o desenvolvimento de suas carreiras".

— As duas características podem provocar comportamentos entendidos como agressivos ou autoritários, como mecanismos de compensação! — explicou Marsha.

E continuou:

— O único motivo para as respostas contraproducentes dadas por nós, mulheres, a essas crenças é que, em algum lugar, bem lá no fundo de nós, existe um sentimento de culpa que vê alguma verdade nisso tudo — revelou Marsha. — O fato de que os homens possam ter razão não resolve o problema para nós.

— O que eu devo fazer? — perguntou Gwen.

— Em primeiro lugar, pense honestamente sobre o que conversamos hoje, durante uma ou duas semanas — respondeu Marsha. — Observe se, dentro de você, também existem as crenças às quais fomos condicionadas desde criança. A agressividade desenvolvida por você é um mecanismo de compensação para evitar se sentir desestimulada ou desistir. Talvez descubra que ser durona não significa mais nada para você. Depois voltaremos a conversar.

Algumas semanas depois, quando Gwen e Marsha encontraram-se novamente, Gwen contou-lhe o quanto ela havia descoberto a respeito de si mesma pelo simples fato de pensar a respeito daquelas duas crenças.

Ela havia percebido que a sua própria reação ao comportamento e comentários de outras pessoas disparava alguma coisa dentro dela. Sentiu que estava preparada para aprender mais sobre como lidar com as situações nas quais sua "agressividade" era interpretada pelos outros de forma negativa. Marsha sugeriu que ela desse atenção aos seus sentimentos e emoções quando se deparasse com um comentário ou comportamento do tipo "explosivo". Ela aconselhou Gwen a respirar profundamente várias vezes de forma disfarçada. E, só então, decidir como responder ao assunto em questão, desde que a questão levantada fosse válida. Usando as sugestões de Marsha, Gwen percebeu uma diferença na forma como seus colegas reagiam às idéias dela. Eles também passaram a incluí-la em suas atividades sociais. Depois de alguns meses, sua reputação de "agressiva" e "autoritária" começou a desaparecer.

Podemos aprender três lições a partir desse exemplo. Primeiro, Gwen estava muito preocupada em ser bem-sucedida para permitir que uma atitude de autodefesa restringisse seu desempenho. Segundo, aceitando agir em vez de reagir com relação às crenças e atitudes no local de trabalho, ela se libertou para responder de forma controlada e construtiva. E terceiro, ter uma mentora experiente como Marsha foi a chave para acelerar o desenvolvimento pessoal de Gwen. Assim, podemos concluir que o processo de adotar a autorização para agir, em geral, é facilitado por alguém com mais sabedoria a respeito das situações que consideramos muito difíceis para serem resolvidas sem ajuda.

Modelo de uma pessoa com autorização para agir

Nas páginas anteriores, verificamos que a pessoa com autorização para agir é aquela cujo desempenho está à altura da autoridade a ela delegada. Verificamos também que o conjunto de valores e a competência são elementos fundamentais na determinação do nível de desempenho de uma pessoa. O conjunto de valores é determinado pelas características pessoais, tais como dedicação, persistência, comprometimento, motivação e responsabilidade. Entre as competências naturais e adquiridas devem se encontrar a instrução, habilidades, talentos, capacidades e pontos fortes. Conseqüentemente, concluímos que o conjunto de valores leva ao desenvolvimento de uma competência que possibilita o alcance de um nível de desempenho de acordo com o modelo da página seguinte.

Sem um forte desejo de ser bem-sucedida, o nível do desempenho da pessoa poderá ser limitado, mesmo quando ela tem uma competência excepcional. A partir desse princípio, podemos perceber claramente que a dificuldade de Gwen estava no campo do conjunto de valores; especificamente assumir a responsabilidade pela atitude de que "a mulher precisa ser dura para chegar ao sucesso".

Como tornar-se uma pessoa integrada

Atualmente, as mudanças radicais que vêm ocorrendo no local de trabalho desafiam nosso conjunto de valores a respeito das expectativas de desempe-

A pessoa com autorização para agir

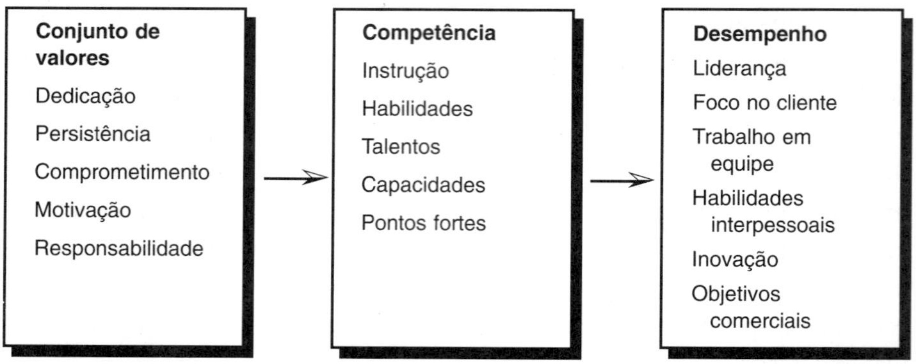

Figura 2. A pessoa com autorização para agir é impulsionada para o sucesso graças ao desejo de aproveitar integralmente essa competência.

nho como condição para obter ou segurar o emprego. A expectativa básica é a mudança do direito de agir para a autorização para agir. As corporações norte-americanas sempre funcionaram de forma patriarcal, estruturadas em um sistema de hierarquia. Essa combinação entre estrutura e funcionamento leva muitos funcionários a acreditar que a empresa "irá cuidar da vida deles", em troca da lealdade à empresa. Fomos levados a acreditar que tínhamos *direito* ao trabalho e à segurança por toda a vida. Esse argumento tácito alcançou bastante sucesso, no que diz respeito aos lucros e perdas de um negócio, durante o período no qual os Estados Unidos dominaram a economia mundial. No entanto, à medida que os recursos mundiais se tornaram mais amplamente dispersos, nos anos 80 e 90, nós descobrimos que não éramos mais capazes de sustentar o sistema de direitos. A maioria do trabalho que exigia grande número de pessoas poderia ser executado por um número menor de funcionários usando sistemas de informação. Assim, foi quebrado o pacto histórico entre os funcionários leais e as empresas.

Em um período relativamente curto, de cinco a dez anos, os trabalhadores dos Estados Unidos foram forçados a adotar, de repente, um conjunto de valores que incluía a auto-suficiência — algumas vezes vista, por muitos, como viver por conta própria. Esperamos que os funcionários adotem e pratiquem o conjunto de valores mostrado acima, na Figura 2, em "A pessoa com autorização para agir". Em outras palavras, a direção de muitas corporações norte-americanas decidiu romper a histórica relação paternal. Nossa resposta a essa mudança foi bastante previsível: "Não gostamos disso! Não aceitamos isso! E, além do mais, vamos fazer o possível para sabotar a implementação desse sistema!" Essa reação assemelha-se à reação de uma criança sendo forçada a entrar na idade adulta.

A dura realidade da autorização para agir, da qualidade, da reengenharia, da diversidade e da maior parte dos cortes de funcionários forçou-nos a aceitar, de má vontade, o novo pacto. Essas obrigações também nos forçaram a compreender, finalmente, que sempre fomos adultos, mesmo que não estivéssemos dispostos a assumir esse papel no passado. Na verdade, essa compreensão é o resultado da religação com nossa fonte interior para resoluções pessoais. Depois de religados a essa fonte, ela passa a ser uma parte indispensável do nosso estilo de vida. Começamos a sentir o que significa ser um ser humano completo. Percebemos também que a pessoa com autorização para agir é aquela cuja ânsia por sucesso origina-se dessa fonte, e está além das recompensas externas ou dos elogios. Religar-se com a fonte espiritual é a chave para se tornar uma pessoa integrada.

A pessoa integrada

A pessoa integrada é aquela que integra o corpo, a mente e o espírito à maneira como ela vive no dia-a-dia. Integração é o resultado da aquisição contínua de sabedoria através do aprendizado pela experiência. Esse tipo de pessoa é representada pelo modelo apresentado na Figura 3.

Apesar de fazer uso de modelos para descrever vários de nossos próprios aspectos, na verdade o corpo, a mente e o espírito são um todo integrado. O corpo físico tem uma consciência que é a integração do instinto de sobrevivência e da herança cultural acumulada durante gerações. A mente é nossa consciência pessoal, é a forma como programamos individualmente nosso conhecimento acumulado. Isso é o ego. Ele é único para cada pessoa. A dimensão espiritual é nossa consciência criativa. É a fonte da sabedoria. O cérebro serve como interface tanto para a interação físico-mental quanto para a físico-espiritual. Conseqüentemente, sentimentos e emoções são produzidos mental ou espiritualmente. Por exemplo, um conflito emocional vivido como raiva pelo corpo é uma resposta que indica que o modo como a mente está interpretando os acontecimentos deve ser reexaminado. A reação contraproducente às situações da vida, ao contrário da reação preventiva, é gerada por crenças baseadas na sobrevivência, que não são válidas na maioria dos casos. Essas crenças são programadas em nossa consciência pessoal, ao passo que sentimentos de ale-

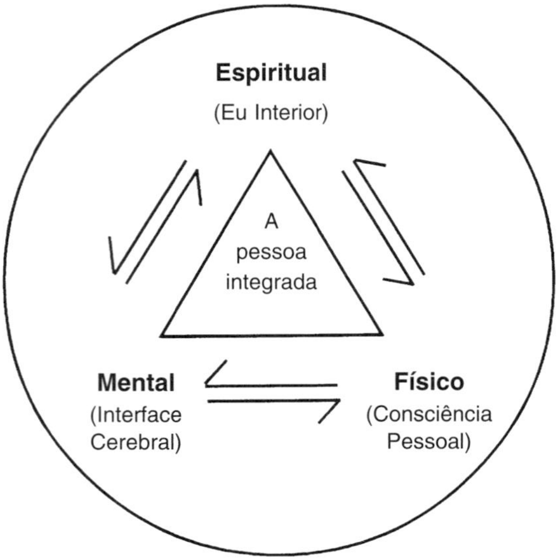

Figura 3. Pessoa integrada é aquela que usa corpo, mente e espírito de forma integrada.

gria e euforia são gerados espiritualmente. A pessoa integrada é capaz de distinguir entre acontecimentos que envolvem a sobrevivência real daqueles que envolvem a sobrevivência imaginária.

O caso de O. J. Simpson ofereceu-nos uma excelente oportunidade para que avaliássemos a nossa programação pessoal nas áreas étnica e racial.

O caso O. J. — A imagem dos Estados Unidos no espelho

A maioria de nós vive as diferenças raciais de forma irracional. Vistas a partir da nossa própria realidade, pensamos que estamos certos, independentemente do conflito emocional que vivemos. Isso foi claramente demonstrado no julgamento e veredicto de O. J. Simpson. A reação do público norte-americano foi uma clara demonstração de irracionalidade coletiva. As pesquisas de opinião pública mostraram que a concordância ou não com o veredicto estava baseada em motivos raciais. A maioria dos negros achava que Simpson era inocente e a maioria dos brancos, culpado. No entanto, poucos dos entrevistados haviam assistido a todo o julgamento e nenhum deles havia sido jurado antes. Então, em que se baseava a decisão deles? Baseava-se em opiniões pessoais, predeterminadas pela programação racial. Poucos de nós admitiríamos que, no núcleo do nosso sistema de crenças, somos racistas. A menos que no passado tivéssemos enfrentado esse assunto de forma traumática, na melhor das hipóteses nossas crenças básicas sobre distinções raciais nunca foram testadas. Conseqüentemente, o que aprendemos com o incidente de O. J. Simpson é como somos "mental e espiritualmente divididos" como nação e, provavelmente, como mundo.

A conscientização começa por aceitar que nossas reações provavelmente pouco têm a ver com os tribunais, mas sim com as idéias e crenças que temos com relação uns aos outros. A diversidade é o movimento que procura nos propor o desafio de examinar este importante tema da natureza humana: *a suposta superioridade ou inferioridade de uma pessoa devido à sua raça ou etnia.* No entanto, como muitos assuntos dessa natureza, é muito maior a chance de essa questão ser precipitada devido a uma crise do que de ser tratada de forma preventiva. A não ser que muitas pessoas estejam ansiosas para dizer a verdade, *como um prelúdio para a ação*, a crise será inevitável.

A pessoa integrada desafia a si mesma, sem a necessidade de crises externas, sempre que ela passa por um conflito mental ou emocional. Os sintomas mais claros de que a harmonia e o equilíbrio não estão presentes são reações como angústia e doença. Esses são dramáticos mecanismos de reação para nos dizer que estamos interpretando acontecimentos externos e respondendo a eles de uma forma que pode não ser a melhor. A mensagem diz para buscarmos a solução dentro de nós mesmos. Quando essa solução é ignorada, geralmente sofremos distúrbios físicos tão graves que, em alguns casos, podem levar a uma morte prematura. Quando decidimos ignorar o crescimento pessoal, nosso corpo arca com as conseqüências disso!

A ligação espiritual

Quando os atletas entram em "êxtase", isso acontece porque o processamento mental é desligado e o corpo físico é movido diretamente pelo eu interior espiritual. O tempo desaparece. Os acontecimentos passam lentamente. Os resultados são alcançados de acordo com a verdadeira intenção da pessoa. Quando meditamos, o processamento mental é interrompido e o eu espiritual permite que tenhamos a oportunidade de viver, de forma espontânea, momentos de discernimento, inspiração e visão holística. Essas experiências transformam nossa consciência pessoal. Esse processo geralmente é chamado de crescimento espiritual porque o resultado é uma integração maior entre o corpo, mente e espírito. Essas experiências também são descritas como um estado de "felicidade".

Abraham Maslow, o pai da psicologia humanista, descreveu a pessoa integrada (ou realizada) da seguinte forma:[6]

A pessoa integrada é aquela que leva a vida naturalmente; é menos dividida, mais disposta à experiência, menos medrosa, mais espontânea e expressiva; possui um ego transcendente, está mais próxima da essência do ser, é mais natural, confia em sua própria intuição, emoções e pensamentos; é mais tolerante e é uma pessoa inteiramente ajustada.

O caminho mais curto para a integração é compreender que *somos seres espirituais passando por uma experiência física, mais do que seres físicos passando por uma experiência espiritual.* Aqueles que se tornam mais integrados através do entendimento e da adoção da espiritualidade abrem-se para um desempenho extraordinário. Para tornar esse desempenho realidade, é preciso que haja uma liderança que apóie os funcionários, complete e amplie o potencial dos que já forem bastante competentes.

Modelos de liderança

Ter funcionários bastante competentes é apenas parte da necessidade de uma organização de alto desempenho. Tem de existir também um sistema de trabalho que facilite o crescimento, a aprendizagem e o bem-estar desses funcionários, dando-lhes apoio. Os aspectos que favorecem esse processo de forma mais efetiva são uma estrutura organizacional relativamente plana (hierarquia mínima), uma troca extensa de informações e a delegação de autoridade proporcional à competência. Os dois modelos de liderança predominantes no funcionamento organizacional hoje em dia estão ilustrados na Figura 4, a seguir, como se fossem extremidades de um espectro. Eles são a hierarquia e a autogestão.

Muitas organizações estão substituindo a estrutura hierárquica pela autogestão. Esse movimento é impelido pela exigência cada vez maior do cliente por *qualidade*, por *customização*, por *rapidez* e por *serviço*.[7] Sistemas orientados para a hierarquia são, simplesmente, muito pesados, lentos e obsoletos para responderem adequadamente às novas exigências de desempenho. O movimento da esquerda para a direita, na Figura 4, significa que a capacidade, por funcionário, aumenta em termos de competência, autogestão e aprendizado

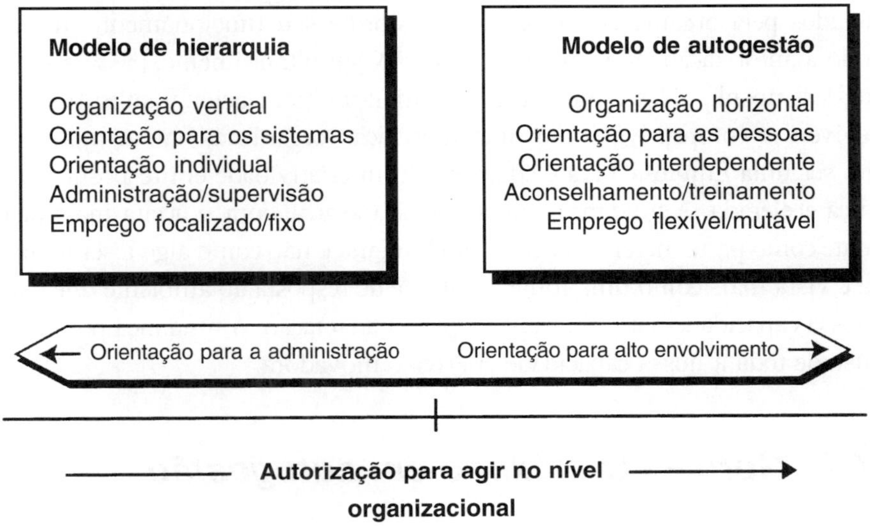

Figura 4. Modelos de liderança que vão desde o espectro da hierarquia até a autogestão.

contínuo. Assim, como uma média de todos os funcionários, a organização aumenta sua autorização para agir.

Deve ser enfatizado que a necessidade do movimento da esquerda para a direita é determinada pela rigorosa demanda do mercado. Na prática, as organizações funcionam de forma mais eficaz quando usam a combinação entre a orientação para a administração *e* a orientação para o alto envolvimento. A combinação apropriada dessas duas orientações é determinada por, e dirigida para, o cumprimento das exigências necessárias a uma organização com autorização para agir, como discutido na página 30: lucrativa, produtiva e capaz de apoiar os funcionários.

Liderança espiritual

A força que orienta uma organização para que ela tenha autorização para agir é a *liderança espiritual*. Liderança espiritual significa o estabelecimento de um ambiente em que os valores humanos estejam integrados com práticas firmes de negócios para determinar a forma pela qual a organização atingirá seus objetivos comerciais. Líderes orientados espiritualmente inspiram os funcionários a *viver* conforme seus valores e também *modelar* os princípios adotados pela organização. Quando transforma seu funcionamento aumentando a autorização para agir, a organização, simultaneamente, passa a ser de alto desempenho. Nesse momento, a confiança organizacional substitui a sobrevivência competitiva como uma motivação organizacional. A motivação para ser uma Empresa Viva é adaptar-se com criatividade em resposta à mudança acelerada. A mudança, ainda que seja assustadora, é aceita mais facilmente como parte inerente da condição humana e não como algo a ser temido. Ela é vista mais como uma fonte constante de resposta ao ambiente que exige a nossa capacidade natural e criativa para a adaptação. A mudança possibilita o uso de toda a nossa capacidade criativa e inovadora.

W. L. Gore — O máximo em autogestão

O exemplo clássico de uma organização que opera por meio da autogestão desde sua fundação, em 1950, é a W. L. Gore and Associates. Ela é mais conhecida, provavelmente, pelo material à prova d'água denominado Gore-Tex. A empresa foi fundada por Bill Gore Sr. e sua família depois que ele deixou a Dupont. Bill estava muito interessado numa organização de pessoas que tivessem, em grande parte, capacidade de se organizar. Ou seja, funcionários que, deixados por sua própria conta, poderiam encontrar soluções para as dificuldades vividas por meio da exploração das próprias capacidades criativas. Em essência, ele partia do princípio de que os seres humanos têm uma capacidade inata para se organizar de forma a alcançar o objetivo com o qual estão comprometidos. Esse princípio pode ser descrito como um ato de fé no espírito humano, pois, na W. L. Gore and Associates, a liderança não é encarada da forma tradicional. Além disso, a palavra "administração" foi banida do vocabulário da empresa.

Para quem é de fora, esse modo de funcionamento pode parecer impreciso e, algumas vezes, caótico. O associado que dirige a divisão de Flagstaff, no Arizona, é John Giovale. Profundamente influenciado pelos princípios de Gore, ele é um discípulo incansável em busca da garantia de que o sistema de valores nunca seja sacrificado pelo interesse do lucro imediato. Desde que o conheci, há quinze anos, John tem sido um líder orientado espiritualmente. Ele se recusa a ser escolhido por reconhecimento, insiste em tirar o máximo proveito das discussões de temas importantes e encoraja os associados mais jovens a aprender como resolver, ou buscar a solução para os seus próprios problemas. Estruturalmente, a organização possui uma matriz bidimensional. Isso significa que qualquer pessoa pode procurar outra da qual dependa o sucesso da conclusão de seus projetos. O trabalho está estruturado em torno dos projetos, que envolve equipes, em sua maior parte.

Quando alguém é admitido, em vez de receber ordens sobre o que fazer, é estimulado a "perambular" pelos grupos fazendo perguntas até que descubra algo interessante com o que trabalhar. A organização odeia papéis e regras. Certa vez eu conduzi um seminário onde foram geradas idéias maravilhosas para a condução de um novo projeto. Depois do seminário, pediram-me para apagar as matérias escritas nos quadros ou, então, para levá-las comigo de volta para Salt Lake City.

O caminho para o futuro

Na seção anterior, afirmei que a liderança espiritual é um contexto operacional onde os valores humanos estão integrados a sólidas práticas comerciais. Não há valor espiritual mais importante do que a crença (ou confiança) inerente na capacidade das pessoas de resolver, construtivamente, todo conflito ou desafio humano — e de criar novos produtos e serviços necessários para a posteridade. Os princípios subentendidos, e não determinados por escrito, do modo de operação que caracteriza a empresa de Gore são os seguintes:

1. Nossa existência, a longo prazo, como organização depende do desenvolvimento contínuo da competência do nosso pessoal.
2. A estrutura organizacional que mais incentiva o desenvolvimento contínuo das pessoas é aquela em que existe pouca ou nenhuma hierarquia.
3. O sistema de funcionamento que mais favorece os itens (1) e (2) relacionados anteriormente é aquele em que os funcionários participam intensamente das operações, na tomada de decisões e no planejamento.

O ponto crucial para as organizações que operam dessa forma é a existência de funcionários altamente responsáveis e capazes de gerir a si próprios. Na verdade, o funcionário médio que se adapta com sucesso à cultura de Gore não é o trabalhador médio norte-americano. Dessa maneira, o número total de funcionários de Gore é de apenas cerca de sete mil. Obviamente, esse modo de operação não seria adequado para todas as organizações. No entanto, os princípios espirituais adotados por Gore estão, progressivamente, tornando-se uma necessidade para todas as organizações que aspiram à sobrevivência no século XXI.

Como posfácio para a descrição dessa história, a patente da Gore-Tex expirou em 1995. Conseqüentemente, Gore encontrou-se em meio a uma nova competição. Durante o ano de 1996, ele se dedicou integralmente ao processo de recriação, mas sempre levando em conta os valores e princípios que haviam norteado a empresa. A partir de 1999, ela já caminhava com sucesso em um ambiente mais competitivo. O elemento-chave foi a formação de uma aliança estratégica com uma empresa de alta tecnologia, levando em conta o objetivo declarado de estabelecer, mais uma vez, o padrão industrial; mas dessa vez, em termos de equipamentos e produtos médicos.

Nas páginas seguintes, descrevemos dez maneiras de se tornar uma pessoa integrada, com alto desempenho e autorização para agir.

Dez maneiras de se tornar uma pessoa integrada, com alto desempenho e autorização para agir

As instruções a seguir fazem parte de uma lista de diretrizes para ajudá-lo a tornar-se uma pessoa integrada.

1. A única garantia de segurança no emprego é ter competência em algo que tenha valor para alguém. Então, assuma a responsabilidade de tornar-se bastante competente, de ser capaz de gerir a si mesmo e de estar constantemente se aperfeiçoando.

2. Avalie suas capacidades e a relevância delas para o que alguém quer ou precisa. Depois, crie um plano de desenvolvimento profissional (carreira) personalizado.

3. Com base nas "novas regras do local de trabalho", crie expectativas pessoais mínimas, necessárias para o seu comprometimento com uma organização.

   Seja pessoalmente responsável por seu destino profissional, pois ninguém mais será.

4. Participe de seminários para viver a espiritualidade e integrá-la em seu dia-a-dia.

5. Faça um sério treinamento em diversidade para saber se você está contribuindo para o espírito de sua empresa ou se está destruindo esse espírito em prol do *status quo*.

6. Se a empresa na qual você trabalha não aplica, nem faz com que sejam cumpridos, os valores de origem espiritual, tais como respeito, integridade, justiça e igualdade de oportunidades, que estão em sintonia com seus próprios valores pessoais, então considere a possibilidade de mudar de empresa. Caso contrário, você nunca irá realizar seu potencial de forma completa.

7. Defina, para si mesmo, o sentido do trabalho e aplique-o para redefinir suas responsabilidades no emprego.

8. Assuma a responsabilidade de aprender como se tornar naturalmente criativo e inovador em seu trabalho. Se não o fizer, você colocará em risco o valor que tem para a organização.

9. Encontre um local tranqüilo, faça um relaxamento profundo, crie uma imagem de si mesmo e responda às seguintes questões relativas ao seu desempenho no local de trabalho:

   a) Qual é minha maior barreira física?

   b) Qual é minha maior barreira mental?

   c) Qual é minha maior barreira espiritual?

   d) O que posso planejar para superar cada uma delas?

   Depois, "Coloque seu plano em prática!" e não faça dessas barreiras um bicho-de-sete-cabeças!

10. Procure uma empresa que apóie o desenvolvimento profissional de *todos* os seus funcionários e junte-se a ela.

    O sucesso está em suas mãos. Faça parceria com uma organização que realmente o aprecie e valorize!

Capítulo 4

Servir: Um compromisso incondicional com os outros

Uma coisa eu sei: entre todos vocês, serão realmente felizes apenas aqueles que aprenderem a servir.

— Dr. Albert Schweitzer

Introdução

O serviço é um comportamento incondicional com o sucesso e o bem-estar dos outros, e fundamenta-se no entendimento da relação natural que existe entre os seres humanos. Essa inter-relação não é apenas física, mas também mental, emocional e espiritual. Quando o significado dessa relação é compreendido, sentimos *naturalmente* a responsabilidade de agir em benefício de nós mesmos e dos outros. De forma paradoxal, a atitude tomada orienta-se pelo impulso de promover o sucesso de outra pessoa e, ao fazê-lo, simultaneamente servimos e beneficiamos a nós mesmos. As experiências de servir a si mesmo e aos outros são inseparáveis porque, espiritualmente, somos inseparáveis. A tendência natural para servir é a essência da liderança disposta a servir, como vimos no exemplo de Robert K. Greenleaf, citado anteriormente no Capítulo 1.

Este capítulo vai mostrar como o serviço, a partir de uma perspectiva espiritual, está relacionado com a experiência de humildade. Vai mostrar também que o aprimoramento contínuo da qualidade, da criatividade e da inovação e o pensamento quântico são técnicas organizacionais necessárias para que possamos cumprir e superar as expectativas cada vez maiores dos clientes.

Servir requer humildade

Quando pensamos em servir, geralmente pensamos em pessoas como Jesus Cristo, Mahatma Gandhi, Martin Luther King Jr., Albert Schweitzer e Madre Teresa. Colocamos essas pessoas numa classe à parte por causa da importância que tiveram na transformação da consciência mundial. Transformar a consciência é, por definição, uma atividade espiritual. Cada uma dessas pessoas agiu de acordo com um sentimento de abnegação e de responsabilidade pelas condições dos outros. A abnegação é o resultado da concretização pessoal da humildade. Ser humilde significa compreender que somos todos *iguais* e estamos todos *ligados*. Adotamos esse modo de ser quando encontramos e transcendemos uma situação, condição ou acontecimento da vida e, por isso, passamos por uma transformação.

Dizem que Jesus foi para o deserto em busca da própria transformação. Gandhi viveu a experiência de um hindu face à cultura sul-africana branca na década de 1890. King foi, literalmente, obrigado a aceitar o Movimento pelos Direitos Civis por ter "brincado com fogo". Cada um de nós passa por esse mesmo processo de uma forma particular. Podemos exercer uma influência menor na transformação da consciência do planeta, mas todas as nossas experiências de transformação são tão importantes quanto as dessas personagens históricas. O alcance dessa influência é proporcional ao grau de responsabilidade que nos cabe. Conseqüentemente, cada uma das pessoas mencionadas acima, com certeza não consideraria suas próprias transformações como algo de maior importância em comparação com a experiência de qualquer outro indivíduo. A grande diferença está nas dimensões do tabuleiro sobre o qual escolhemos jogar. A experiência transformadora enfrentada por Jack Olsen ilustra esse processo.

Jack Olsen: "Preciso de todo o dinheiro que existe para me sentir seguro"

Jack Olsen é um médico que poderia ser descrito como muito bem-sucedido; bem-sucedido no que diz respeito aos ganhos financeiros. Durante a maior parte de sua vida, Jack foi movido pelo desejo de ser rico. Ele tinha um consultório particular *e* trabalhava quatro horas por dia em um hospital. Conseqüentemente, tinha pouco tempo para ficar com a esposa e com os filhos. Jack sempre disse a eles que precisava trabalhar muito para lhes proporcionar uma vida melhor. Embora não acreditasse nessa justificativa, a família de Jack realmente gostava dos "frutos de seu trabalho", tais como férias, carros e vários bens de consumo. Todos tinham o que queriam e consideravam necessário.

Certa noite, depois de passar doze horas trabalhando no consultório, Jack teve uma experiência transformadora enquanto dirigia seu carro, a caminho do hospital. O sono e a preocupação com as contas tiraram a sua concentração por apenas um segundo. Nesse instante, um caminhão quase bateu de frente com o seu Mercedes. Imediatamente, ele desviou o carro para o acostamento. Jack conta que, naquele segundo em que quase aconteceu uma catástrofe, ele enxergou a própria vida como um "conjunto de acontecimentos que não levavam a lugar algum". Jack sabia que alguma coisa no seu íntimo havia mudado de forma crucial. O impacto da mudança, no entanto, ainda não havia sido completamente registrado.

Para tentar compreender o que havia acontecido, Jack procurou o aconselhamento de um terapeuta. Ele descobriu que seu impulso para acumular riquezas tinha pouco a ver com a felicidade de sua família. Na verdade, ela sentia falta da presença de Jack. Ele percebeu quanto tempo havia gasto inventando maneiras para ganhar mais dinheiro das companhias de seguro e dos órgãos públicos, algumas vezes chegando perto de falsificar dados. Não importava quanto dinheiro ganhasse, todo ele seria gasto mais rapidamente do que era possível acumular. Ele percebeu também que os limites de seus cartões de crédito eram sempre ultrapassados. Essa situação exigia formas "criativas" de manipulação do dinheiro que beiravam o ilícito e, provavelmente, o ilegal. À medida que reconstituía o "conjunto de acontecimentos" de sua vida, Jack teve uma profunda revelação. Compreendeu que seu impulso para ganhar dinheiro era um jogo sem fim. Ou seja, *precisava possuir todo o dinheiro que existia para se sentir seguro*! Apesar da impossibilidade de concluir essa tarefa irracional, era na conclusão dela que Jack acreditava de forma inconsciente. Essa crença o impulsionava. O "clic" que levou à sua experiência de humildade foi a constatação de que, na base de tudo isso, estava a tentativa de conquistar "segurança absoluta".

Com essa compreensão, Jack aprendeu que a segurança absoluta não existe, não importa quanto dinheiro a pessoa possa acumular. Sua insegurança, gerada por uma infância de extrema pobreza, não poderia ser satisfeita por meio de mais dinheiro, por isso sua compreensão simbólica de um "conjunto de acontecimentos que não levam a lugar nenhum". Entender todas essas coisas abalou o alicerce de sua existência. Tudo mudou para ele.

Como é a vida de Jack agora? Depois de compreender tudo isso, ele logo parou de trabalhar no hospital e começou a enxergar uma inversão de papéis na relação paciente/doutor. Algumas vezes ele exerce o papel de médico dos sofrimentos físicos, mas, freqüentemente, também assume o papel de paciente, quando aprende sobre a vida com seus próprios clientes. Qualquer ilusão alimentada anteriormente sobre sua superioridade com relação a eles desapareceu. *A experiência da igualdade é o significado de ser humilde.* Jack começou também a discutir suas descobertas com a família, contando-lhes como havia mudado. No começo, essas conversas eram chatas para seus familiares, pois todos gostavam de levar uma vida livre de preocupações no que dizia respeito a dinheiro. Mas, agora, Jack estava rompendo o acordo tácito que tinha com todos eles, ou seja: ele ganhava o dinheiro e a família dizia o quanto estava feliz, quer dizer, o quanto sentia-se segura. O confronto com as expectativas familiares continua a ser o aspecto mais desafiador da transformação de Jack. Será que a família vai querer (em vez de ser capaz de) aceitar a transformação de Jack e ajustar-se a ela? Até o momento da elaboração deste livro, esse assunto ainda não havia sido resolvido.

Para Jack, sua esfera imediata de responsabilidade abrange a família e a prática da medicina. Ele transformou a natureza das duas como resultado de sua própria transformação. Está claro para ele que a maior parte das atividades de sua vida agora são movidas por um desejo interior de contribuir para o bem-estar físico dos outros. Ele descreve seu desejo interior como espiritual. Insiste em que a espiritualidade não deve ser confundida com altruísmo, que, na opinião dele, é movido por uma *crença* em fazer o bem para os outros. Comportamentos direcionados por crenças geralmente possuem uma motivação pessoal, tal como ser reconhecido pelo serviço prestado. Ter uma motivação espiritual é descobrir a razão de sua vida e expressá-la de forma completa, independentemente do fato de ser ou não reconhecido. Esse desejo *natural* de servir aos outros e de ajudá-los transcende crenças e expectativas geradas por motivações pessoais. Ele tem como base um comprometimento incondicional inspirado pelo eu espiritual das pessoas.

Servir é um compromisso incondicional

Uma premissa básica para servir é estar *incondicionalmente* comprometido com o crescimento, o sucesso e o bem-estar dos outros. Um comprometimento incondicional significa que não foram criadas nem estabelecidas expectativas como uma motivação para contribuir para o sucesso de alguém. Como sugerido na seção anterior, o verdadeiro serviço não é altruísta quando o altruísmo é motivado por expectativas pessoais veladas ou claras. Esse compromisso nasce quando compreendemos a ligação natural que temos com os outros. São nossas diferenças humanas que nos levam a acreditar na idéia de distinção e, de forma correspondente, de separação. Mas, a partir de uma perspectiva espiritual, a separação é uma simples miragem no que diz respeito aos relacionamentos.

Por exemplo, se eu escondesse a palma da minha mão tão bem que você visse apenas quatro dedos de tamanhos diferentes e um polegar, esses membros separados e distintos pareceriam reais. No entanto, quando eu mostro minha mão e você vê que os dedos e o polegar estão, na verdade, ligados pela palma da mão, então começamos a compreender que todos os cinco dedos estão inseparavelmente relacionados. Na verdade, é apenas através dessa ligação que eles trabalham juntos para executar funções essenciais, tais como escrever um livro. De maneira semelhante, uma necessidade básica para servir é perceber a ligação natural existente entre nós e aqueles a quem servimos numa situação de trabalho.

Nas transações de negócios, a incondicionalidade é colocada em prática *depois* que um acordo contratual é estabelecido. Em vez de simplesmente preencher o texto de um contrato, ambas as partes relacionam-se de forma flexível e mutuamente benéfica. Assim, cada uma das partes se considera absolutamente responsável pelo sucesso da outra. Não é um compromisso em que as partes têm uma responsabilidade apenas parcial de fazer com que o negócio seja bem-sucedido! Ao assumir total responsabilidade pelo sucesso da outra pessoa, estamos estimulando de forma extraordinária o apoio a ela, principalmente quando essa atitude é inesperada. Esse nível de compromisso tem grande probabilidade de contribuir para o sucesso mútuo. A história a seguir ilustra bem essas afirmações.

"Sou Bill Harrelson, uma pessoa muito importante"

Li Ming é vendedora de passagens aéreas e trabalha numa das principais companhias aéreas do movimentado aeroporto O'Hare, de Chicago. Li é da segunda geração de chineses-norte-americanos. Os valores de sua família estão fortemente ligados à filosofia de Lao-Tsé, filósofo chinês do século VI a.C. e fundador do Taoísmo. Conseqüentemente, compaixão, paciência e compreensão para com os outros são consideradas virtudes na família dela.

Bill Harrelson havia programado uma viagem de negócios de San Francisco para Rochester, em Nova York. Antes de deixar San Francisco, recebeu a notícia da morte de um parente próximo em Detroit, no Estado de Michigan.

Quando chegou a Chicago, Bill foi para o balcão de vendas de passagens onde Li trabalha. Impacientemente, ele disse a ela que gostaria de mudar o curso de sua viagem para Detroit por três dias e depois seguir para Rochester. Ele explicou também que a mudança devia-se à morte de um de seus familiares, fato que o qualificava para um desconto na passagem para Detroit. Com paciência, Li ouviu a história de Bill por aproximadamente cinco minutos. Durante esse tempo, Bill não notou os sinais sutis de empatia e compaixão demonstrados por Li, cuja família também havia passado por situação semelhante pouco tempo antes. Enquanto isso, os passageiros que esperavam na fila começaram a ficar claramente irritados, considerando que o caso de Bill estava levando muito tempo para ser resolvido. Como resposta à reação deles, Bill começou a projetar *seu próprio* desconforto em Li, vendo nela a causa do problema.

Ainda com paciência, Li explicou a ele que não poderia emitir uma passagem com desconto sem a comprovação da morte, o nome da empresa funerária e a respectiva aprovação por parte de seu supervisor. Bill enfureceu-se. Perguntou como ela queria que ele tivesse tais informações e aprovação numa situação como aquela. Depois completou dizendo que, por ser um usuário com milhões de milhas acumuladas, merecia alguma forma especial de tratamento. Durante seu desabafo, Bill falou o nome de seu parente falecido, que vivia em um dos subúrbios de Detroit. Li pediu desculpas a Bill, mas disse-lhe que precisava consultar o supervisor para obter permissão para atender aos seus pedidos. Além disso, ela chamou outra vendedora para atender os outros passageiros durante sua ausência.

Li foi até o escritório do supervisor para telefonar para a família de Bill em Detroit e conseguir as informações necessárias. Depois, ela voltou para o balcão de vendas e informou a Bill que sua passagem com desconto havia sido liberada. Ela sorriu timidamente e pediu desculpas pela demora em atendê-lo e disse esperar que tudo corresse tão bem quanto fosse possível em Detroit. Pela primeira vez, Bill se dava conta da empatia e compaixão expressas por Li. Ele deu um sorriso largo, agradeceu e memorizou o nome escrito no crachá dela.

P.S.: Bill Harrelson era uma pessoa influente, um grande amigo do vice-presidente administrativo da companhia aérea. Como resultado do bom atendimento de Li Ming, ela foi imediatamente promovida para o cargo de supervisora. Agora, Li organiza seminários para os emissores de passagens, tratando do tema de como manter o equilíbrio em situações de pressão. Assim, vale o provérbio: "Colhemos o que plantamos."

O aprendizado: Assumir um compromisso incondicional com alguém é o resultado da experiência de *empatia*, *compaixão*, *humildade* e *amor*, da forma como são definidos a seguir:

- *Empatia* significa compreender e cuidar do caminho do outro como se fosse o seu; significa *ser* e *ver* o mundo pelos olhos dos outros.
- *Compaixão* é aceitar de forma incondicional a maneira pela qual os outros decidiram criar as circunstâncias da própria vida e, quando apropriado, deixar que eles demonstrem a capacidade que têm para mudar.
- *Humildade* é a compreensão da igualdade entre todos os seres humanos apesar de suas diferenças, realizações, posição social e quaisquer outras medidas usadas para criar distinções.
- *Amor* é o entendimento da relação existente entre todas as pessoas e a sabedoria para entender que, em situações de conflito, observamos, na verdade, nossas próprias imagens especulares.

Ao ler essas definições, você perceberá o papel exercido por cada uma delas na experiência de Li Ming com Bill Harrelson. Após terem se encontrado, Li Ming provocou um impacto significativo no julgamento de Bill a respeito de pessoas expostas a situações de pressão.

Aprendizado contínuo: o aumento da qualidade, criatividade e inovação

Um conjunto de valores voltado para o serviço e orientado espiritualmente pode ser traduzido na aplicação prática relativa à educação, às habilidades e à competência de cada um. Por causa das constantes mudanças nos desejos e necessidades daqueles a quem servimos, o ato de servir é dinâmico. Isso significa que temos de aprimorar constantemente a competência que possuímos para atender às necessidades e os desejos de nossos clientes. A ênfase que é dada hoje em dia à diversidade está modificando a forma de conciliar rapidez, custos, produtos e serviços personalizados.

Por exemplo, os sistemas de informação e a tecnologia continuam a proliferar, os usuários de computadores pessoais têm uma gama muito ampla de necessidades. Essas necessidades vão desde a administração, o projeto e a produção, assistidos por computador (CAD e CAM), até as capacidades de multimídia. Dessa forma, conceber um sistema de produção que leve em conta efetivamente a publicidade e as vendas, a pesquisa e o desenvolvimento, a produção, distribuição e administração de custos pode ser uma tarefa formidável para um fabricante de PCs. Inspirada por esse desafio, a Hewlett-Packard (HP) desenvolveu um sistema integrado de produção que foi considerado, em 1996, como o "melhor em sua categoria", levando-se em conta não apenas as diversas necessidades dos clientes, mas também os revendedores de seus produtos. Quando a HP decidiu desenvolver um disco rígido único para acomodar os sistemas operacionais DOS e MAC, ela também contribuiu para reduzir o espaço nas prateleiras e nos estoques dos revendedores. Em 1999, a *Windows Magazine* classificou a HP como excelente em confiabilidade do sistema, serviços e suporte técnico. A *PC Magazine*, de forma semelhante, concedeu à HP a nota "A" e colocou-a na "Escolha do Leitor", pelo serviço e pela confiabilidade. Como já vimos no Capítulo 1, o patrimônio da HP é a criatividade e a inovação, e não somente com relação a seus produtos e serviços, mas também ao processo de reengenharia.

Conseqüentemente, a primeira etapa no serviço ao cliente consiste em atender ou superar suas necessidades e expectativas, quer sejam óbvias quer sejam obtidas por intermédio da resposta do próprio cliente. Esses esforços devem ser categorizados como Melhoria Constante de Qualidade (Continuous Quality Improvement — CQI). Para as organizações que são igualmente conduzidas com base no serviço, seus departamentos de Pesquisa e Desenvolvimento (Research and Development — R&D) estão constantemente buscando formas de melhorar, de forma mensurável, um produto ou serviço, fazendo com que ele supere as necessidades aparentes da clientela. Esse processo é iniciado quando obtemos informações do cliente por meio dos centros de assistência e pelo contato constante feito pelo departamento de publicidade e vendas, logo depois que uma venda é realizada. Essa informação é usada para direcionar o R&D em seus esforços para *criar* e *inovar* a próxima geração de produtos e serviços. O próximo passo nesse processo envolve a integração criativa das informações recebidas em conjunto com uma pesquisa para criar de fato uma nova geração de produtos e serviços. É importante observar que o produto ou serviço não pode ser descrito pelos clientes, pois eles, normalmente, ainda não estariam conscientes de que precisam dele. Esse processo pode ser ilustrado pelo desafio enfrentado pela Iomega no começo dos anos 90.

Clientes — A fonte da mudança

A Iomega Corporation é uma empresa com sede em Salt Lake City que produz equipamento de computação portátil para armazenamento de dados: a caixa Bernoulli. Durante mais de 13 anos, seus engenheiros aprimoraram esse produto com base principalmente na pesquisa interna que promoveram. À medida que as vendas começaram a cair, eles chegaram à conclusão de que dispunham de apenas oito meses antes de ir à falência, a não ser que alguma coisa drástica acontecesse relativa ao desenvolvimento de um novo produto. Uma mudança de fato radical teve início quando eles contrataram um novo diretor-executivo que, por sua vez, trouxe um novo vice-presidente de *marketing* dois meses depois.

A empresa passou então a manter um programa extensivo de contato com o cliente. Ela passou também a promover grupos orientados para o consumidor com a finalidade de descobrir quais eram as necessidades e os desejos dos clientes, e o que os usuários pensavam de seu produto atual. A empresa recebeu valorosas respostas sobre a concepção de seu produto. Descobriu que o cliente queria um disco de armazenamento que fosse simples de ser usado, que ocupasse pouco espaço e que viesse acompanhado de um manual do usuário que não exigisse um diploma de engenheiro para ser compreendido. Essas respostas tiveram valor incalculável para os engenheiros e projetistas da Iomega, pois concederam-lhes a oportunidade de reinventar a empresa guiados por uma estratégia voltada para o consumidor. Como resultado, a Iomega produziu um novo produto revolucionário, o Zip Drive. Eles chamaram os dados armazenados de "coisas" [*stuff*] e simplificaram o desenho de acordo com as recomendações dos grupos voltados para o consumidor.

Se você está pensando que essa é uma história de sucesso sobre uma mudança essencial em termos de lucros, você está certo. São esses, basicamente, os exemplos que usamos em nossos livros. Nesse caso, a receita da Iomega em 1991 foi de 136 milhões de dólares. No período de um ano, de 1994 a 1995, a renda da empresa passou de 141 milhões para 326 milhões de dólares (um aumento de mais de cem por cento), e, em 1996, sua receita chegou a mais de um bilhão. Em 1998, a companhia alcançou um sucesso financeiro ainda maior. Aprendemos, a partir dessa história, que o sucesso monetário, freqüentemente, é o resultado de uma transformação no conjunto de valores relacionados ao serviço, comumente chamado de reinventar a empresa. No entanto, novos produtos têm uma vida útil relativamente curta, portanto, sua geração é um processo infindável. Os ingredientes necessários para o sucesso contínuo de uma empresa são a *antecipação* das necessidades dos clientes e a criação de produtos e serviços que *superem* as expectativas desses mesmos clientes.

Será que existem pensadores quânticos na casa?

Existem empresas que pertencem a uma especial categoria relacionada ao serviço. Elas se classificam como aquelas que *criam* o futuro. Essas empresas já aprenderam a prever o próximo paradigma e a gerar produtos e serviços correspondentes a ele. Inicialmente, esses produtos e serviços têm pouca relação com o que os clientes acreditam precisar ou querer. Com bastante freqüência, o lançamento de um produto ou serviço desse tipo é recebido inicialmente com suspeitas e dúvidas ou, então, com forte resistência. O produto ou serviço procura redefinir os pressupostos ou princípios de funcionamento do paradigma existente. Dessa maneira, o novo produto, ou o novo serviço, parece representar uma ameaça àqueles ligados ao paradigma vigente.

Historicamente, podemos ver isso na prática se fizermos uma retrospectiva. Passando pela caça, a procura de alimentos e a vida nômade (o que durou séculos), o paradigma que redefiniu os grupos de seres humanos daquela era estava baseado na agricultura. Assim, os animais domésticos, o cultivo de terras, as ferramentas para a agropecuária e o uso de sementes tornaram-se as comodidades do negócio. Nesse paradigma, o poder estava baseado na propriedade da terra. A Era Agrícola durou cerca de dez mil anos. O paradigma principal que veio em seguida teve início na Inglaterra, na metade do século XVI, e é conhecido como Revolução Industrial. Muitas das inovações dessa era foram responsáveis pela revolução na economia dos Estados Unidos. A esse paradigma também é atribuída, em parte, a divisão entre o Sul agrícola e o Norte industrial, fator significante que resultou na Guerra Civil. A locomotiva foi uma das maiores invenções no campo do transporte terrestre durante esse período. A Era Industrial estendeu-se aproximadamente de 1650 a 1950 (um período de exatamente 300 anos). Nessa época, o poder estava baseado no capital ou dinheiro. Em meados do século XX, teve início a Era da Informação. O principal evento dela foi a invenção de máquinas denominadas computadores, as quais poderiam armazenar, recuperar e processar informações de forma eficiente. Esse paradigma durou, aproximadamente, de 1950 a 1990 (um período de apenas 40 anos). Nessa era mais recente, o poder estava baseado nas informações necessárias para a tomada de decisões empresariais estratégicas.

Sobrepondo-se à Era da Informação está a Era do Conhecimento. Os computadores são produtos da Era da Informação e os programas que utilizam são produtos da Era do Conhecimento. O paradigma mais recente teve início, aproximadamente, em 1985 e permaneceu até perto do ano 2000 (um mero período de 15 anos). Nessa era, o poder está baseado nas pessoas que possuem conhecimento e competência. Por exemplo, sete dos dez primeiros colocados na Liga Nacional de Futebol são os *quarterbacks*, não por serem eles atletas mais habilidosos, mas porque a sua posição é baseada no conhecimento em maior medida do que, *possivelmente*, a posição de qualquer outro atleta do time. Nesse paradigma, a ênfase é colocada na criação de um "novo conhecimento" que, por sua vez, gere continuamente novos produtos, serviços e modos de atingir o sucesso.

Ainda que os vários paradigmas tenham períodos de expansão de domínio, eles nunca deixam de existir. Ou seja, a terra, o capital, a informação e o conhecimento, todos desempenham papéis importantes em organizações bem-sucedidas da atualidade. Eles são usados em várias combinações, dependendo do tipo de negócio ao qual esteja voltado o empreendimento.

A chave para descobrir o produto ou serviço do futuro é ser capaz de prever qual será o novo paradigma. Essa capacidade é chamada de pensamento quântico. Ao identificar o próximo paradigma, você pode perguntar: "Qual é o produto ou serviço correspondente a esse paradigma?" Você pode obter respostas confiáveis de pessoas sem restrições, pensadores "fora da caixa". Também pode ser necessário prever a sucessão de paradigmas, já que suas durações, como mostrado na corrente explanação, estão decrescendo rapidamente. Por exemplo, se o paradigma atual, que começou em meados da década de 90, é a Espiritualidade (que está se sobrepondo ao declínio do paradigma baseado no conhecimento), "qual produto ou serviço você poderia criar conjugando uma busca espiritual *e* uma aplicação prática na vida diária?" Boa pergunta, não é mesmo? Vamos imaginar que o próximo paradigma, depois da Espiritualidade, seja o Todo ou a Unidade, isto é, a compreensão global de que a separação é uma ilusão (por exemplo, a Internet global). Qual seria seu novo produto ou serviço? Afinal, a *alvorada* desse paradigma já teve início!

Aprendizado descontínuo — pensamento quântico

O pensamento quântico é a capacidade de entrar em contato com um nível expandido da consciência que está *além* da criatividade e da imaginação. Essa capacidade é adquirida por meio de um processo *profundo* de transformação pessoal, que exige que se invalide uma importante crença limitadora: a que diz que o indivíduo tem capacidade para explorar livremente sua consciência criativa. A invalidação dessa crença limitadora significa o avanço do pensamento quântico.

Exemplos de produtos que resultaram dos avanços do pensamento quântico são as transições do tubo de vácuo para o transistor, da calculadora para o computador, dos discos de vinil para os CDs e do aprendizado por meio de instrução para o aprendizado transformacional interativo. Quanto mais nos mantemos "fortemente ligados" aos princípios fundamentais de um paradigma momentâneo, tanto menos possível se torna a experiência da ruptura. Como afirmou Pablo Picasso:

O ato da criação é, ao mesmo tempo, o ato da destruição.

Exemplos típicos de crenças limitadoras são: "A Terra não se move e é o centro do universo"; "A Terra é plana"; "Se Deus quisesse que o homem voasse, ele teria lhe dado asas"; "A fusão a frio não existe"; "Moléculas não têm consciência"; "A ciência é o estudo da realidade" e "Poderes psíquicos não são reais". Todas essas crenças envolvem limitações; limitações essas que impomos a nós mesmos e que impedem que novos conceitos e paradigmas de pensamento se transformem em realidade. O pensamento quântico é fruto do desenvolvimento de seis habilidades principais. Além da invalidação das crenças limitadoras, que já tratamos, é preciso dominar estas seis habilidades:

1. *Domínio pessoal*: a obtenção de um alto nível de competência profissional e de realização.
2. *Síntese criativa*: a habilidade de transformar informação em conhecimento.
3. *Intuição*: a habilidade de adquirir e validar idéias espontâneas não derivadas do pensamento racional.
4. *Integração no contexto*: a habilidade para *perceber* a relação entre as informações em seus vários contextos e integrar esses contextos para produzir outros de ordem superior.
5. *Processamento extremamente acelerado de informações*: a habilidade que a mente possui para processar dados e informações a velocidades extremamente aceleradas.
6. *Domínio do contexto*: a habilidade de formar um "quadro maior" a partir de partes fragmentadas, funcionando em um patamar que se encontra além de um dado paradigma.

As organizações que desenvolvem essas seis habilidades principais criam o que é descrito como uma vantagem competitiva. O interesse principal dessas empresas não é a competição, e sim a criação contínua de produtos e serviços baseados no novo paradigma. O foco estratégico é ficar "um passo à frente da competição", por meio do estabelecimento do padrão industrial. Muitas vezes, essas empresas são chamadas de pioneiras em vez de colonizadoras. Uma característica importante da Empresa Viva é a capacidade para produzir um único produto ou serviço que esteja à frente da sabedoria industrial convencional, que conta com um mercado formado pela massa de consumidores.

Entre as organizações que exemplificam o pensamento quântico estão: a Southwest Airlines, a Microsoft, a Compaq, a Disney e a Boeing. A Southwest é considerada a primeira companhia aérea de baixo custo direcionada para o mercado de massa. Ela não oferece luxo, mas operações excepcionalmente seguras, um excelente atendimento ao cliente e é a líder em pontualidade nas partidas e chegadas. A Microsoft tomou de assalto a indústria de informática nos anos 80 e continua criando novos serviços e produtos relativos a programas de computador. Além disso, ela estabeleceu uma rede global de sucesso. Por outro lado, o sucesso inicial da Compaq foi o PC compatível com a IBM, que dominou o mercado, deixando para trás até a própria IBM. A Compaq tornou a se reinventar no final dos anos 80, com o servidor SystemPro, projetado para ser executado em cinco sistemas operacionais diferentes: OS/2, Vines, Netware, SCO UNIX e DOS. Seu sucesso continua com os servidores atualizados e a preocupação com os serviços ao consumidor.

A Disney representa a clássica história de sucesso no ramo do entretenimento, começando com produtos de animação cinematográfica e expandindo sua área de atuação para parques temáticos, postos de revenda e, mais recentemente, aquisição de canais de televisão para ampliar a distribuição de seus produtos.

Logo que foi fundada, a Boeing apostou o sucesso da companhia no 707, que se transformou realmente num grande sucesso. A esse sucesso seguiu-se o 727 e a criação de uma categoria única com o Jumbo 747. O 777 é um salto quântico seqüencial da Boeing, tanto em sua parceria com fornecedores e clientes, que trabalharam juntos para projetar a aeronave, quanto no uso de computadores para fazer essa aeronave voar.

Todos esses exemplos têm uma coisa em comum: quando se faz uma mudança no paradigma, isso implica o desenvolvimento de um novo serviço ou produto amplamente aprimorado pelo atendimento ao cliente ou um processo de distribuição amplamente expandido. Essa mudança também envolve o aprendizado descontínuo, "fora da caixa", que *antecipa* os desejos e as necessidades do cliente. Como mencionado anteriormente, esses são produtos e serviços que os consumidores não poderiam encomendar com antecedência. Outros exemplos de produtos que romperam paradigmas são o forno de microondas, a máquina de fax, o correio eletrônico, o CD *player* e o telefone celular.

Em busca do serviço

Ultimamente, o serviço produz nos clientes uma sensação de bem-estar, de sucesso e de crescimento. Além disso, eles têm o sentimento de estar contribuindo de uma forma que afeta ou, até mesmo, transforma a vida deles. Já que a transformação é sempre recíproca, quem a proporciona também tem a sensação de estar contribuindo muito mais do que justifica sua remuneração. Quando a transformação acontece, nós ampliamos a compreensão que temos de nós mesmos e dos outros, o que pode ser traduzido por sabedoria.

As histórias que descreveremos a seguir contam episódios de minha vida e da vida de amigos, quando acreditamos que alguma coisa profunda e espiritual acontecia enquanto um serviço era prestado.

Dinheiro não serve: Phil, um amigo meu que viaja muito a negócios, registrou-se em um hotel Marriott. Ele optou por pagar em dinheiro por uma estadia de duas noites e foi então informado pela atendente que não poderia ter a chave do frigobar porque não havia pago com cartão de crédito. A justificativa que a atendente deu para essa política foi a de que não havia como garantir o pagamento dos itens consumidos do frigobar. Phil disse-lhe então que, como havia deixado seus cartões de crédito em casa, poderia fazer um depósito adiantado como garantia de seu pagamento. A atendente disse "Não". Assim que entrou em seu quarto, Phil chamou o gerente do hotel e contou-lhe o que havia acontecido. Imediatamente, o gerente foi até o quarto de Phil, devolveu-lhe o pagamento adiantado das diárias, deu-lhe uma chave do frigobar e pediu "As mais sinceras desculpas em nome do Hotel Marriott. Suas despesas são por nossa conta". Desde esse dia, Phil hospeda-se exclusivamente no Marriott sempre que é possível.

Mudança de portões: Fred viaja pelo mundo realizando seminários sobre administração de tempo e alto desempenho. Certa vez, quando esperava pelo vôo da Southwest Airlines de Salt Lake City para Los Angeles, decidiu fazer algumas compras, pois dispunha de tempo suficiente antes do horário programado para a partida. Retornando das compras pouco antes da decolagem, Fred descobriu que o portão de embarque havia sido mudado. Ele não havia ouvido nada sobre essa mudança no sistema interno de som e, portanto, havia deduzido naturalmente que seu embarque seria feito no portão originalmente programado. Ele percebeu também que havia retornado tão em cima da hora que não conseguiria chegar ao portão correto a tempo de pegar o vôo. O atendente no portão onde o embarque seria feito inicialmente pediu encarecidas desculpas. Fred assumiu a responsabilidade pela perda do vôo e perguntou como poderia ser transferido para o próximo vôo disponível para Los Angeles. O atendente estava tão acostumado com as reações iradas de outros passageiros em situações como essa, que ficou até surpreso por Fred haver assumido a responsabilidade pela confusão. Como resultado, o atendente deu a Fred uma passagem de ida e volta gratuita pela Southwest e ofereceu-se para ajudá-lo com o transporte local em Los Angeles, caso fosse preciso alugar um carro. A partir desse dia, Fred passou a admirar a Southwest Airlines e usa seus serviços regularmente.

Onde está o pacote?: Uma pequena empresa em Salt Lake City estava esperando um importante contrato que receberia através da UPS, um serviço de entregas rápidas. O contrato envolvia um acordo que deveria ser assinado naquele dia antes da meia-noite. Eram 15 horas e como o proprietário da empresa ainda não havia recebido o pacote, telefonou para o setor de rastreamento da empresa de transportes, na tentativa de localizá-lo. Gary, o motorista da UPS, foi contatado pelo proprietário, mas não havia nenhum pacote entre as suas entregas. No início, o proprietário ficou muito chateado. Depois, ele se acalmou e explicou a Gary como aquele pacote era importante para a empresa. Quando terminou suas entregas regulares às 21 horas daquela noite, Gary voltou para a central de distribuição e procurou, no meio de mais de quinhentos pacotes, até encontrar aquele que estava destinado à pequena empresa. Em seguida, ele entregou-o ao próprio dono do negócio. Assim, o proprietário conseguiu assinar o contrato e registrá-lo antes da meia-noite. O proprietário da empresa ficou tão agradecido pelo serviço prestado por Gary que escreveu uma carta entusiasmada à empresa de transportes, expressando sua gratidão pela atitude do motorista. Posteriormente, Gary ganhou o Prêmio Anual de Serviço da UPS.

O milagre do nascimento: Eu havia treinado durante várias semanas para assessorar o nascimento de nossa filha, Lea. A obstetra, Cynthia Jones, era uma mulher excepcionalmente sensível e exalava confiança. Após longos anos de experiência, os obstetras sabem que é melhor esperar até o último minuto antes de chegar ao hospital para fazer um parto. As enfermeiras que estavam assistindo ao parto de Lea tinham a paciência de Jó. Minha preocupação era observar o início da dilatação, que, como eu ouvira antes, era o sinal de que chegara a hora do parto. Num intervalo de dez minutos, minha esposa, Linda, teve uma dilatação de quatro para oito centímetros. Imediatamente, a enfermeira ligou para Cynthia, que disse que chegaria logo, como se estivesse indo tomar um drinque ou bater um papo. Quando chegou, todos estavam de prontidão e a equipe atendeu com visível respeito e profissionalismo. Como assessor, eu assumi a função de manter a harmonia do grupo, mas como todos os outros tinham alguma coisa para fazer, eu me senti muito supérfluo. Cynthia sugeriu que eu ajudasse minha mulher com a seqüência de respiração.

Não sei se ela estava apenas me dando uma ocupação, ou se realmente precisava de minha ajuda, mas gostei de tomar parte ativa na equipe médica. Minha mulher e eu achávamos que o bebê seria uma menina pois, de acordo com a sabedoria convencional de Cynthia, os bebês mais ativos são meninas, enquanto os meninos ficam parados, esperando que façam tudo por eles.

Quando o bebê nasceu, Cynthia estava certa. Lea fez sua estréia neste mundo à 1h30m no dia 20 de setembro de 1993. Essa experiência transformou-me para sempre. A equipe inteira chorou. Havíamos todos passado juntos pelo milagre do nascimento, que é uma verdadeira experiência espiritual. Tudo isso graças a você, Cynthia, e graças ao Holy Cross Hospital de Salt Lake City, Utah. O cuidado, apoio e amor dados por Cynthia, pelos funcionários do hospital e pela equipe que participando do parto ainda é parte inseparável da experiência indelével do nascimento de minha filha.

Todas essas histórias são exemplos de um ótimo serviço prestado ao cliente. Quando alguém faz algo espontaneamente, algo que não apenas serve a outra pessoa, mas também toca o próprio coração, isso indica que essa ação teve uma origem espiritual. A verdade é que se trata de um gesto de amor, embora muitos de nós fiquem constrangidos demais para admitir isso.

Jan Carlzon, ex-diretor-executivo da Scandinavian Airlines System (SAS), chama essas situações de "momentos da verdade" — aquelas "oportunidades disfarçadas", que não foram planejadas, mas motivadas pelo coração e que nos levam a exceder as expectativas dos clientes. Agir com o coração é algo que não pode ser ensinado em um curso de atendimento ou de qualidade. Essa atitude brota naturalmente naqueles que integraram a espiritualidade ao seu dia-a-dia. Formas dedicadas de aprender essa lição são discutidas no capítulo seguinte sobre autoconhecimento.

O questionário das páginas seguintes pode ser usado para avaliar a qualidade do serviço fornecido aos seus clientes, para saber se estes perceberam um "toque humano" na prestação do serviço e, possivelmente, para redefinir seu trabalho.

Avaliação da Qualidade do Serviço

Este questionário é destinado a ajudá-lo na avaliação do serviço que você vem prestando, tanto para clientes externos quanto para internos.

Auto-avaliação do funcionário

Quais são meus três (3) clientes principais? (Quem é mais afetado por minha competência no trabalho e por meu comprometimento com a qualidade do serviço?)

Interno	Externo
1.	1.
2.	2.
3.	3.

O que meus principais clientes esperam de mim? (Implícita e explicitamente.)

Interno	Externo
1.	1.
2.	2.
3.	3.

Opinião do Cliente

Estou abaixo das expectativas de meus clientes principais, correspondo a elas ou as excedo? Responda com base na própria opinião deles, levando em conta cada uma das categorias mostradas anteriormente.

Interno

1. ❐ Abaixo
   ❐ Corresponde
   ❐ Excede
   Explique:

2. ❐ Abaixo
   ❐ Corresponde
   ❐ Excede
   Explique:

3. ❐ Abaixo
   ❐ Corresponde
   ❐ Excede
   Explique:

Externo

1. ❐ Abaixo
   ❐ Corresponde
   ❐ Excede
   Explique:

2. ❐ Abaixo
   ❐ Corresponde
   ❐ Excede
   Explique:

3. ❐ Abaixo
   ❐ Corresponde
   ❐ Excede
   Explique:

Marque um encontro com seus três (3) principais clientes para conversar sobre as expectativas deles e sua própria avaliação sobre o serviço que você e a sua empresa lhes oferecem.

Depois de completar a página anterior defina (ou redefina) a descrição do seu trabalho.

Esta pergunta deve ser respondida pelo seu cliente.

O Toque Humano: Você alguma vez sentiu um "toque humano" no meu atendimento, que excede as expectativas que tem com relação ao meu trabalho?

Sim Não Se a resposta foi sim, por favor comente.

Descrição do trabalho (definido ou redefinido)

1.

2.

3.

4.

5.

Capítulo 5

Consciência empresarial: Conheça a si mesmo

Já que a criação é um todo, a separação é ilusória. Gostemos ou não, todos fazemos parte da mesma equipe.

O Tao da Liderança
— John Heider

Introdução

A autoconsciência é uma profunda compreensão interior do próprio eu, resultante do crescimento pessoal. Crescimento pessoal é um processo de aprendizado contínuo por meio da experiência. Normalmente, ele ocorre quando nos deparamos com um conflito pessoal que exige uma mudança irreversível em nós mesmos. Esse processo é chamado de transformação. A transformação, que reestrutura nossa realidade ou redefine nosso sistema de valores, é espiritual.

Por exemplo, quando passamos pela "crise da meia-idade", sofremos uma transformação espiritual e adquirimos uma autoconsciência maior. Tornamo-nos mais capazes de resolver as dificuldades que, porventura, encontrarmos. O autocontrole é necessário para compreendermos as dificuldades dos outros e sermos sensíveis a elas. Daí vem o ditado "Não posso aceitar nos outros aquilo que não aceito em mim mesmo". A consciência da empresa é medida com base na média de autoconsciência dos funcionários. Ela é calculada pela taxa de redução dos conflitos interpessoais no funcionamento geral da empresa.

Este capítulo vai analisar como as dinâmicas interpessoais na empresa (e na sua vida) tanto podem esgotar sua energia e ânimo como ser uma fonte incrível de poder que o levará a alcançar suas aspirações profissionais e pessoais.

Relações pessoais

O autor Peter Koestenbaum estimou que 80% dos "processos de perda" nas empresas são, na verdade, causados por disfunções nas dinâmicas interpessoais.[8] À medida que as empresas continuam a se voltar mais para as relações entre sua equipe de trabalho e outros processos de alto envolvimento, o potencial para perda de produtividade pode aumentar exponencialmente. Um contador pode calcular, com facilidade, as perdas financeiras em conseqüência de falha no processo, conflito, necessidade de refazer o serviço, atrasos, etc. Por outro lado, o comprometimento das pessoas em alcançar um objetivo pode criar uma sinergia que duplicaria ou triplicaria a produtividade.

Apesar dos processos de perda citados acima, nós imaginamos que as dinâmicas interpessoais não têm relação *direta* com lucros e perdas. Elas são chamadas de "habilidades fáceis", para sugerir que não possuem valor significativo no "difícil" mundo dos negócios. Eu desconfio que usamos esses argumentos como uma tentativa de evitar um exame autêntico em nós mesmos. Temos a tendência de incorporar expressões como "não dê atenção às pessoas, dê atenção ao processo". No entanto, naquilo que se refere à disfunção interpessoal, nós *somos* o problema. Mais especificamente, nossas atitudes, crenças e o comportamento que assumimos com relação a elas são *exatamente* a fonte de nossos conflitos interpessoais e não os processos ou procedimentos. Isso é mais verdadeiro ainda nos problemas que envolvem a diversificação, e já está na hora de começarmos a dizer a verdade. O exemplo seguinte ilustra o conflito pessoal encontrado, de forma inevitável, por equipes autogeridas, principalmente quando há problemas com relação à diversidade étnica, à cultura e ao sexo.

Equipes autogeridas precisam de um rito de passagem

Uma grande empresa do Meio-Oeste delegou autoridade a várias de suas unidades de produção bem-sucedidas do ponto de vista administrativo, para implementar o trabalho em grupo. Um grupo, composto de várias pessoas de grande capacidade, decidiu participar de um extenso projeto que pretendia diminuir pela metade o tempo cíclico de fabricação de alguns componentes. Se tivesse sucesso, esse avanço faria com que a empresa economizasse cerca de 100 milhões de dólares anualmente. A equipe recebeu carta branca para trabalhar da forma mais independente possível. Por haverem trabalhado juntos por muito tempo, eles acreditavam que os maiores obstáculos ao sucesso seriam os problemas técnicos e de processamento. O grupo era formado por Larry, Ken, Lori, Jeffrey, Marlene, Ali e Murray.

Os sinais de tensão começaram a aparecer quando tentaram decidir como organizar e administrar o trabalho que fariam juntos. Larry sugeriu que Ken, que era supervisor, fosse o líder. Lori, que nunca havia se entendido muito bem com Ken, não concordou. Como membro igualitário dentro do grupo, ela sentiu-se à vontade, pela primeira vez, para expressar o quanto estava insatisfeita com ele. Ela sentia que Ken pensava que as mulheres que tinham filhos deviam ficar em casa cuidando deles. Ela chegou a afirmar que ele era membro de um grupo religioso que defendia essas crenças.

No começo, Ken ficou na defensiva, afirmando que era capaz de separar a religião da forma como ele administrava as pessoas no trabalho. Jeffrey, um membro afro-americano da equipe, afirmou que Ken se enganava ao acreditar que poderia mudar de atitude simplesmente atravessando a porta do local de trabalho. A outra mulher que fazia parte da equipe, Marlene, declarou que não havia presenciado nenhuma atitude de discriminação por parte de Ken. Ela sentia que era contraproducente atacá-lo e sugeriu que se concentrassem no projeto e não nas pessoas ou na personalidade de cada uma delas. Em seguida, virou-se para Ali e perguntou-lhe o que ele pensava sobre a acusação feita a Ken. Marlene não percebeu que Ali ficou embaraçado por ter sido posto naquela situação. Ele ficou constrangido por causa da crítica aberta apresentada pelos outros. Esse tipo de situação é chamado de "violação da honra" na cultura em que ele havia sido educado. Depois de ficar olhando para o chão por um tempo que parecia uma eternidade, devido à tensão na sala, Ali, por fim, disse docemente: "Creio que devemos estar dispostos a discutir qualquer assunto que qualquer pessoa acredite ser importante e de valor para o sucesso da equipe. Afinal de contas, a empresa inteira espera que o nosso projeto seja bem-sucedido!"

Todos olharam para Murray esperando uma declaração. Ele trabalhava na empresa há 35 anos e havia presenciado o sucesso e o fracasso de muitas iniciativas. Mas, dessa vez, ele percebeu que alguma coisa diferente estava acontecendo. Sentiu que a direção da empresa *tinha de* mudar a forma como funcionava ou não teria futuro. Aquela foi a primeira vez em que ele sentiu que havia uma verdadeira oportunidade de realmente transferir o poder para os funcionários, e seria uma pena se a equipe falhasse.

Eles decidiram deixar de discutir funções técnicas e processuais até que as diferenças pessoais fossem resolvidas e reuniram-se várias vezes com um mediador habilidoso, em sessões de três horas, nas quais eram destrinchados assuntos como religião, preconceitos sexuais, racismo, etnocentrismo e preconceitos com relação à idade. Nessas sessões, as pessoas assumiam atitudes defensivas, deixavam que as emoções viessem à tona, ficavam com raiva, choravam, refletiam e transformavam-se. Ao passar por esse processo, cada um dos membros da equipe percebeu que seus próprios preconceitos eram, na verdade, a fonte da discórdia que estavam vivendo no ambiente de grupo. À medida que eram auxiliados pelo processo de Elisabeth Kübler-Ross de *negação, reação, troca, culpa* e *aceitação*,[5] eles perceberam que os assuntos discutidos estavam latentes em cada um deles. Puderam compreender também que, quando ignorados, esses assuntos costumam ressurgir de alguma outra forma contraproducente. Além disso, cada um deles percebeu que é apenas por meio da aceitação sem resistências que a pessoa se liberta para ser e se comportar de uma maneira que respeite a dignidade dos outros. Essa constatação, individual ou do grupo, confirmava que eles tinham se submetido ao "rito de passagem" descrito pelo processo de Elisabeth Kübler-Ross.

Esse processo levou cerca de um mês. No final, uma equipe autogerida começou a aparecer. Chegou-se à conclusão que Ken era o mais qualificado para conduzir o grupo a um estágio em que papéis de liderança seriam rotativos. Eles também compreenderam que os aspectos técnicos do projeto eram fáceis quando comparados com o que cada um havia vivido pessoalmente. Eles continuaram a projetar o processo de fabricação de forma criativa usando o amplo espectro de talentos da equipe, já que havia poucos atritos pessoais para serem administrados. Resolver o quebra-cabeça do tempo cíclico foi estimulante e divertido, ao mesmo tempo. No entanto, eles continuaram a usar os serviços do mediador durante todo o período de duração do projeto como medida de prevenção. Esse processo de práticas humanistas integradas como parte natural do funcionamento de um grupo é um exemplo de espiritualidade no local de trabalho.

As regras de ouro dos grupos autogeridos

As regras de ouro dos grupos autogeridos, que aprendemos com o exemplo anterior, são as seguintes:

1. Cada membro do grupo precisa demonstrar competência técnica ao desempenhar sua função.

2. Cada membro do grupo precisa desenvolver as habilidades de administração de equipes para de fato administrar o próprio grupo.

3. Cada membro precisa assumir plena responsabilidade pela função que desempenha e, ao mesmo tempo, assumir plena responsabilidade pelo sucesso do grupo.

4. Durante o processo de autogestão, cada membro do grupo *tem de* estar disposto a enfrentar e resolver seus atritos pessoais ou, provavelmente, abandonar o grupo no caso de não ter boa vontade para enfrentar esses mesmos problemas.

5. No caso de grupos multiculturais, cada membro do grupo tem de enfrentar e resolver seus preconceitos e seu etnocentrismo como uma necessidade para a participação no grupo e para o sucesso dele.

6. Assuntos relativos à diversidade vão dificultar o alto desempenho do grupo e *forçar* seus integrantes a enfrentá-los. Se não lidarmos com esses problemas, o trabalho em equipe será um fracasso, o desempenho será um fracasso e a empresa será um fracasso!

Em resumo, existem três grandes exigências para o estabelecimento de uma equipe autogerida: competência técnica, administração e autocontrole.

O desafio global

De uma perspectiva global, as transações comerciais entre a maioria das empresas do mundo não-ocidental estão fundamentadas em uma sólida base de confiança pessoal por meio de relações de qualidade. Essas relações globais representam um desafio maior que os assuntos domésticos, pois elas envolvem diferenças essenciais em termos de valores culturais. Os valores básicos de uma sociedade do mundo não-ocidental integrados no funcionamento dos negócios abrangem uma série de coisas como grupo, honra (respeito pela dignidade dos outros, por exemplo), lealdade e obrigações para com os outros. No mundo ocidental, temos tendência para valorizar a individualidade, o sucesso pessoal e o compromisso consigo mesmo. Essas diferenças devem ser reconciliadas a fim de garantir relações de negócios duradouras e bem-sucedidas.

As empresas conscientes compreendem que as relações pessoais tanto podem contribuir para o sucesso de um negócio como podem provocar a sua ruína. Elas fazem de tudo para manter os funcionários conscientes do fato de que esses assuntos delicados são do interesse deles próprios, assim como do interesse da empresa. Em resumo, a qualidade de uma empresa é determinada pelo resultado da qualidade de suas relações pessoais. Relações e comunicação são inseparáveis, como vamos descobrir na seção a seguir.

Comunicação entre as pessoas

Comunicação é a expressão de uma relação, ou seja, tudo o que *fazemos* nas relações com os outros é comunicação. Portanto, a comunicação pode ser verbal ou não, emocional, subliminar ou, até mesmo, espiritual. As comunicações verbais ou não-verbais são os aspectos mais evidentes daquela comunicação que nos é familiar. A comunicação emocional abrange a expressão de sentimentos como alegria, prazer, imparcialidade, raiva ou depressão. A comunicação subliminar, por sua vez, engloba uma intenção subjacente, de cuja existência podemos não ter consciência. Ou seja, *dizemos* uma coisa e *fazemos* outra. O modelo de comunicação subliminar está ilustrado abaixo.

Modelo Subliminar de Comunicação

Comportamental (verbal ou não-verbal)

Emocional (não-verbal)

Subliminar (não-verbal)

A comunicação *comportamental* abrange o que é dito ou está implícito de forma não-verbal. Ela é direta, não é emocional nem subliminar. Por exemplo: falar, tocar, fazer gestos, usar a linguagem do corpo, etc.

A comunicação *emocional* é determinada pela maneira como sentimos os outros. Ela é uma expressão de nosso estado emocional, por exemplo: entusiasmo, contentamento, neutralidade, raiva ou medo. As comunicações comportamental e emocional estão claramente ligadas.

A comunicação *subliminar* é baseada naquilo em que *acreditamos* e no que *valorizamos*. Em geral ela é a expressão do que realmente *queremos* que aconteça. Todas as três formas de comunicação ocorrem simultaneamente.

Por exemplo, podemos dizer que não é nossa intenção aborrecer alguém com uma discussão verbal. No entanto, se o resultado do que dissemos foi o aborrecimento da outra pessoa, de alguma forma essa é a comunicação que pretendíamos fazer. Isso é chamado de comunicação subliminar. Uma forma particularmente devastadora desse tipo de comunicação é a fofoca. A fofoca não apenas destrói a reputação da pessoa, mas também desmoraliza o espírito de uma empresa.

A comunicação espiritual é a expressão de um relacionamento pungente. Ela é inspirada, independentemente das palavras serem ou não compreendidas. Na expressão da palavra, estão implícitos intenção, compromisso, desejo e paixão. Por exemplo, muitos dos discursos feitos pelo dr. Martin Luther King Jr. continham várias palavras, expressões e frases sofisticadas que, com certeza, estavam além da capacidade de compreensão de muitos de seus ouvintes. No entanto, isso não os impedia de "receber a mensagem" ou de se sentirem inspirados a marchar, cantar e protestar incansavelmente a respeito de suas condições.

A comunicação espiritual é um ato de inspiração

A comunicação espiritual tem o poder de transformar, seja ela feita por um diretor-executivo expondo seu ponto de vista, um diretor de produção defendendo a autorização para agir, uma mãe ensinando ao filho as virtudes de repartir aquilo que eles têm ou uma pessoa cuja coragem influencia o comportamento dos outros. Se a transformação ocorre, é porque a espiritualidade era parte essencial da transação. Algumas vezes, chamamos as demonstrações individuais de coragem de "atos de bravura". Prefiro chamá-las de "atos de inspiração", já que essa expressão reconhece a ligação que temos com algo maior, em vez de ressaltar a individualidade e a separação.

Quando Rosa Parks recusou-se a ceder seu lugar no ônibus a um usuário branco em Mobile, no Alabama, em 1955, ela realizou um ato de inspiração. Esse incidente desencadeou o Movimento pelos Direitos Civis nos anos 60. Quando Gandhi decidiu protestar de forma pacífica contra a ocupação britânica na Índia, o seu gesto foi de inspiração. Quando o presidente, o diretor-executivo ou qualquer funcionário pratica ativamente os valores humanos no ambiente de trabalho, esses são atos de inspiração. Essas ações são núcleos que dão início às transformações das pessoas, das organizações e das sociedades. Sempre que tomamos o partido de uma idéia originada no espírito, independentemente da magnitude de seu impacto, a ação que dela advém é uma comunicação espiritual. Também é importante lembrar que uma ação desse tipo é igual, em importância, a qualquer outra ocorrida no passado ou que irá ocorrer no futuro. *O impacto causado por Gandhi, King, Schweitzer ou Madre Teresa não tem importância maior nem menor que aquele causado por uma "pessoa comum" que, de modo parecido, afeta o mundo com um ato modesto e anônimo!*

Comunicação e cultura são inseparáveis

No que diz respeito à consciência organizacional, comunicação e cultura são inseparáveis. Essa afirmação foi retirada da citação de Edward T. Hall:[9]

A comunicação está mergulhada na cultura;
e 90% de toda comunicação é subliminar.

Ou seja, o contexto que dita "de onde uma pessoa vem" tem seu fundamento na cultura. De uma perspectiva global, o contexto cultural do Ocidente é baixo. O contexto cultural do mundo cuja cultura não é a ocidental é alto. Em culturas de contexto baixo, a mensagem grafada ou verbal explícita carrega o significado. Em culturas de contexto alto, o que está escrito ou é dito raramente carrega o significado. O significado da mensagem é compreendido lendo-se nas entrelinhas para encontrar o que não está escrito ou dito. Um exemplo de como essa diferença pode levar a mal-entendidos é descrito pela história a seguir.

Estava sendo realizado o funeral de um influente funcionário norte-americano de origem mexicana, que trabalhava numa grande empresa estatal no sudoeste dos Estados Unidos. De acordo com a política da companhia, apenas os membros diretos da família podiam ser liberados para assistir a funerais nos dias úteis. No entanto, dez funcionários, também de origem mexicana e que trabalhavam na mesma unidade do funcionário falecido, disseram que "gostariam de comparecer ao funeral". O diretor responsável respondeu que iria pensar no assunto. Ele se esqueceu de dar uma resposta a tempo, e os funcionários decidiram, por conta própria, comparecer ao funeral. Mais tarde, o diretor deixou claro que não havia dado permissão. Os funcionários ficaram perplexos e confusos com essa afirmação.

Esse incidente levou à reavaliação da política da empresa no que concerne a autorizações de licenças. Nesse ínterim, a direção da companhia descobriu que o pedido dos funcionários para assistir ao funeral tinha sido mais uma "declaração de intenção" do que um "pedido de permissão". Eles estavam dando um sinal claro de que pretendiam ir ao enterro. Para eles, era incompreensível que o diretor não tivesse entendido o que pediram.

Nas culturas como a mexicana, em que as comunidades se consideram uma grande família, os amigos próximos *são* parte da família. Infelizmente, o diretor não entendeu a mensagem "nas entrelinhas" e a natureza dessas culturas. Embora a política oficial da empresa não tenha mudado, agora é aplicada de forma mais "flexível". Esse exemplo ilustra como comunicação e cultura são inseparáveis.

Culturas de baixo contexto são as dos Estados Unidos, Canadá, Inglaterra, Austrália, Rússia e países do norte da Europa ocidental. Culturas de alto contexto são as da China, Japão, Arábia, México, América do Sul e Ilhas do Pacífico. Os países que ocupam um posto intermediário são a França, a Espanha, a Itália, o Leste Europeu e a Grécia. As culturas de baixo contexto tendem a ser muito verbais, enquanto as culturas de alto contexto tendem a ser menos verbais ou até mesmo não-verbais na comunicação. É bastante comum classificarmos um japonês ou um chinês como um indivíduo "quieto". No entanto, se alguém é sensível a sinais que não são verbais, tais como movimento dos olhos, tensão facial e postura, é possível decifrar uma conversa inteira com essa pessoa usando o mínimo possível de verbalização. Por outro lado, uma conversa com alguém da Grécia, da Espanha ou da Arábia pode ser muito verbal e animada, mas as verdadeiras mensagens raramente são ditas de forma explícita. Portanto, em culturas como a norte-americana, existe um crescente potencial para desentendimentos. É necessário, pois, que as pessoas comecem a compreender a importância de aspectos que envolvem a comunicação intercultural. Valores globais de baixo ou alto contexto e como eles estão relacionados com o funcionamento do local de trabalho serão discutidos com mais pormenores no final do Capítulo 7.

Eliminação das diferenças através da comunicação

O trabalho em equipe, a diversidade e a globalização representam três fenômenos que permitem eliminar diferenças na comunicação intercultural.

Tanto as equipes interfuncionais quanto as interculturais estão destinadas a enfrentar a sinergia de perspectivas funcionais e culturais diferentes. A diversidade procura dar importância às diferenças como um fator essencial para a lucratividade de uma empresa. A diversidade também pode ser uma vantagem competitiva constante em que essas diferenças estão integradas de modo criativo à rotina diária dos negócios. A globalização simplesmente expande a fronteira dentro da qual é realizado o jogo. De uma perspectiva norte-americana, a sua composição populacional já é um microcosmo do mundo. A globalização também expande significativamente o espectro das diferenças e *força* a solução de problemas interculturais a fim de tornar possíveis a longo prazo as transações comerciais bem-sucedidas. Vamos observar como a comunicação fracassa quando os estilos de comunicação interculturais não são reconhecidos pelo grupo no desenvolvimento de um novo produto.

Comunicação intercultural em equipes

Uma pequena empresa que produz e distribui programas educacionais para estudantes do segundo grau está antecipando a necessidade de desenvolvimento de um novo produto. Sua direção decidiu que eles deveriam levar em consideração o impacto da tecnologia de informação (Information Technology — IT) em um novo sistema de entregas. Foi montada uma equipe interfuncional de seis pessoas representando os setores de pesquisa e desenvolvimento (Research and Development — R&D), planejamento estratégico, *marketing* e vendas, atendimento ao consumidor, finanças; essa equipe conta ainda com um antigo cliente especialista em educação.

Sherrie, representante de *marketing* e vendas, informa ao grupo que os estudantes gostam de programas com movimentos rápidos, que sejam divertidos e que não exijam muito raciocínio. Por outro lado, seus professores são taxativos no que diz respeito à qualidade do conteúdo e ao potencial de aprendizagem das novas séries de programas. Então, Sherrie explica que o desafio será satisfazer os professores — aqueles que decidem o que comprar — *e* os estudantes — os consumidores finais.

"Se as crianças não gostarem dos programas, não irão usá-los, e assim não haverá continuidade nas aquisições!", afirma Sherrie. Margô, a especialista em educação, reafirma a importância da qualidade do conteúdo e da aprendizagem. Ela diz ao grupo que a legislação do Estado começou a usar testes-padrão como principal forma de avaliar a eficácia educacional e o financiamento para a área.

Cada membro da equipe proporcionou uma visão diferente da forma como o setor de R&D deveria desenvolver o novo programa. Quando Lee, do R&D, apresentou a primeira versão do programa com tecnologia em CD-ROM, as opiniões divergiram. Margô gostou da ênfase no conteúdo da aprendizagem. Sherrie achou que o programa era muito linear, tinha pouca interatividade e seu uso não era muito divertido. Em sua opinião, os estudantes não se sentiriam atraídos pelo programa e teriam de ser forçados, pelos professores, a usá-lo. Barry, o representante do atendimento ao consumidor, achou que o programa não era relevante para as necessidades das minorias. Robert, das finanças, perguntou se eles não teriam entrado prematuramente numa nova atividade que poderia levar a companhia à falência, caso houvesse algum erro de previsão.

Lee, do R&D, explicou que seu departamento estava ciente da atual abordagem do mercado consumidor com relação aos programas em CD-ROM. Ele disse que, ao mesmo tempo que os produtos no mercado enfatizavam "montes de campainhas e apitos", havia pouco ou nenhum conteúdo de aprendizagem neles. As opiniões do grupo ficaram polarizadas e seus membros começaram a transferir a culpa pelo mal-entendido aos companheiros, pelo fato de estarem "presos ao passado", serem insensíveis e não possuírem confiança nem se concentrarem nos objetivos comerciais. A maior parte do grupo temia que Robert estivesse certo sobre a decisão comercial de "antecipar o futuro" ser inadequada. Errar o alvo na primeira tentativa pode resultar em medo e na perda da comunicação construtiva.

Wendy, do planejamento estratégico, havia apenas observado a reação de cada um ao novo programa em CD-ROM. Quando as discussões acaloradas se dissiparam, substituídas por um vazio de calma introspecção, Wendy perguntou se poderia dizer o que pensava do assunto. Segundo observou, o desempenho da "primeira versão" do programa não era o problema. O problema era a forma como o grupo estava *reagindo* ao fato de não ter conseguido um produto perfeito na primeira tentativa. Não se podia dizer que a empresa estava de fato comprometida com o aprendizado por computador. Wendy sugeriu que o problema era de comunicação. Ela salientou que alguns membros da equipe estavam concentrados nos aspectos da tarefa e de negócios enquanto outros estavam concentrados nos aspectos do relacionamento entre os participantes. Sem ouvirem uns aos outros atentamente, eles estavam perdendo o valor de ambas as coisas. A integração dos dois pontos de vista seria necessária para obter um produto de sucesso. Ela sugeriu que, se o grupo deixasse de lado o medo subjacente do fracasso e percebesse o talento de cada um, eles seriam capazes de identificar as falhas da primeira versão do programa. Todos concordaram. Nos dias seguintes, eles descobriram que a solução final para o aparente dilema seria fabricar dois produtos: um para uso em grupo, ampliando o conteúdo de aprendizagem, e outro que seria um programa para uso individual, com ênfase na interatividade das opções e na diversão.

A lição: O que aprendemos com esse exemplo é que as pessoas e suas capacidades técnicas raramente são a causa de uma falha nos relacionamentos. A verdadeira causa, em geral, são as respostas que damos aos outros quando vivemos um conflito baseado em um medo subjacente. Cada um de nós está mais voltado ou para os relacionamentos ou para a tarefa na forma como nos comunicamos com os outros. Uma atitude não é melhor do que a outra. *A preocupação com os relacionamentos* dá relevo à confiança, à compreensão e à sensibilidade. *A preocupação com a tarefa* dá ênfase aos papéis, às funções e à estratégia de negócios. A chave para a solução do conflito e para a sinergia é aprender a *integrar* essas duas preocupações. Consciência organizacional significa que existe a capacidade, em um grau suficientemente alto, de compreender que as situações inevitáveis (como o exemplo anterior) podem ser resolvidas de forma construtiva e rápida. Essa percepção é o resultado do crescimento pessoal e espiritual.

Crescimento pessoal e espiritual

O crescimento pessoal é um processo permanente que nos leva a distinguir o que é real do que é ilusório. As ilusões são aquelas experiências que fomos programados para enxergar como uma ameaça à nossa sobrevivência física, mas na verdade não são. Uma simples experiência como um desentendimento sobre a melhor forma de alcançar uma meta pode ser considerada uma ameaça, caso surjam emoções contraproducentes. A perturbação emocional que sentimos é uma reação de foro íntimo que significa que estamos considerando uma ameaça de um ponto de vista contrário. As reações dessa natureza podem ter sua origem em algumas crenças que foram impostas em nossa maneira de enxergar a realidade. Durante um processo estruturado, tais como uma sessão de treinamento ou um treinamento facilitado, começamos a aprender, gradualmente, que essas crenças não têm valor.

Por exemplo, se uma pessoa encontra motivação para atingir um desempenho excepcional no fato de ser constantemente elogiada, ela tem a seguinte crença: "Eu tenho valor e mérito quando sou reconhecida pelo que faço." Uma pessoa com esse tipo de crença vai tomar decisões com relação à carreira baseadas na forma pela qual ela é aceita ou não. Talvez essa pessoa passe a viver um momento de confronto quando aprender, pelo menos de forma intelectual, que a aceitação não está necessariamente relacionada com o valor ou com o mérito. Daí decorre a afirmação "o primeiro passo para a mudança é a consciência".

Posteriormente, essa pessoa torna-se *conscientemente* alerta com relação à forma de buscar nos outros uma expectativa que nunca poderá ser totalmente satisfeita. Ou seja, ela compreende que nunca existirá aceitação externa suficiente para justificar seu valor ou mérito. Principalmente pelo fato de a aceitação que justifica e que faz bem vir de dentro. *O processo de reconhecer um padrão contraproducente e abandonar a respectiva crença que já não mais se justifica é o crescimento pessoal.* A vida parece representar uma alternância contínua entre entender e deixar para lá. Alguns de nós vivem esse processo de forma preventiva. No entanto, muitos outros resistem como se tivessem de abandonar algo essencial para sua sobrevivência. A sabedoria consiste em compreender que o crescimento pessoal não é uma escolha. Ou vivemos as experiências de forma positiva ou com resistência.

O crescimento espiritual é mais desafiador que o crescimento pessoal, pois ele vai além da anulação de uma única crença. *O crescimento espiritual é o processo pelo qual descartamos um sistema de crenças e reestruturamos a percepção que temos da realidade de forma mais abrangente.* Em geral, ele é o resultado de um "acontecimento que produz uma mudança na vida" mais do que de um processo estruturado. Um exemplo desse processo é a transformação espiritual sofrida por Kofi Kwame.

A transformação espiritual de Kofi Kwame

Kofi Kwame é da primeira geração de ganenses vindos do Ocidente africano. Ele estudou engenharia no Instituto Tecnológico da Geórgia. A família dele tinha orgulho de seus êxitos acadêmicos. Os parentes enfatizavam que a chave para a *segurança* na vida era obter uma boa educação no campo científico ou técnico. Quando Kofi escolheu engenharia e distinguiu-se nos estudos, foi como um sonho transformado em realidade, tanto para ele quanto para a família. Depois de terminar a graduação e a pós-graduação em engenharia, ele foi contratado por uma grande empresa da área química no meio-oeste dos Estados Unidos. Kofi obteve um sucesso excepcional com rápidas promoções e, por fim, ficou sob a direção de alguém com quem tinha sérios conflitos de personalidade.

Nesse momento, Kofi enfrentou seu maior dilema profissional: continuar onde estava e esperar que as coisas finalmente se ajeitassem da melhor forma ou pedir transferência para outro departamento. Um pedido desse tipo, provavelmente, iria prejudicar sua ficha, até então imaculada. Permanecer onde estava garantia, no mínimo, a sua segurança e, provavelmente, a continuação de sua meteórica carreira, desde que conseguisse evitar conflitos com o diretor. Kofi sofreu com esse dilema durante um ano inteiro. A qualidade do seu trabalho foi prejudicada e o descontentamento começou a granjear-lhe a reputação de "possível causador de problemas". A relação com a família também se deteriorou. Ele achava que qualquer passo positivo que pudesse dar para resolver seu dilema (por exemplo, ir até seu superior) ameaçaria não só a sua carreira, mas também, o que era mais importante, a segurança de sua família.

Foi então que Kofi encontrou alguém, numa conferência sobre engenharia, que exerceu uma significativa influência em sua vida. Eles estabeleceram uma relação pessoal muito próxima. Essa pessoa salientou a Kofi que a verdadeira segurança era o resultado da capacidade para realizar o trabalho de forma excepcional. E que essa capacidade viria de dentro. Ele sugeriu também que Kofi perguntasse a si mesmo: "O que eu poderia fazer, nessa altura da minha vida, que me daria mais satisfação?" A resposta que Kofi obteve foi muito diferente do que ele sempre havia planejado, ou seja, fazer carreira dentro da empresa. Kofi percebeu que o que ele realmente queria era começar um novo negócio como consultor de qualidade. Embora não soubesse nada sobre a administração de um negócio, exceto o que havia aprendido na empresa onde trabalhava, Kofi estava seguro a respeito de seu conhecimento sobre o processo de qualidade em engenharia.

A parte mais difícil de sua decisão em mudar de carreira não era convencer sua esposa e seus dois filhos, mas convencer sua família na África. Eles não se opuseram à idéia de forma veemente, mas afirmaram "nem saber o que era um consultor! Provavelmente, não era uma profissão segura como a engenharia". Devido ao respeito e lealdade que tinha com relação à família, Kofi sentiu-se traído por *suas* expectativas e crenças a respeito de segurança.

Apesar das crescentes pressões que sofreu para não levar em conta o seu desejo pessoal, Kofi saiu da empresa e abriu seu próprio negócio de consultoria. Ele trabalhou incansavelmente durante os dois primeiros anos para conseguir êxito e estabelecer uma reputação. De acordo com os padrões dos pequenos empreendimentos, atualmente Kofi é bem-sucedido e tem um rendimento equivalente a duas vezes o salário que poderia ter em uma empresa da área química. Ele adaptou-se à liberdade e também às preocupações inerentes aos pequenos negócios. Além disso, Kofi está firmemente convencido de que a segurança está dentro dele mesmo. Essa convicção tornou-se ainda mais clara recentemente ao observar seus antigos colegas de trabalho sendo demitidos por causa dos programas de corte de pessoal ou recebendo ofertas de aposentadoria proporcional. Na verdade, seus amigos diziam que ele havia adotado uma atitude filosófica ou, de certa forma, mística a respeito da vida. Kofi sentiu que abandonando o "pode ser" e o "talvez" dos outros, cada um de nós pode orientar-se por um sistema interno se estiver realmente disposto a ouvi-lo. Ele chama esse sistema de direção interno de sua voz interior que, de forma constante, proporciona-lhe sabedoria e orientação.

O potencial humano, como a consciência, é ilimitado!

Kofi mergulhou em sua "consciência expandida". Ela é a fonte da sabedoria interior. Seu domínio vai além da definição finita que possuímos sobre nós mesmos como únicos e isolados dos outros. A singularidade é o resultado de como enxergamos, de forma individual, a realidade ou organizamos todo o conhecimento que temos acumulado. Essas descrições são definidas como a consciência pessoal de cada um, como mostrado em forma de diagrama na Figura 5.

Figura 5. O sinal ≡ quer dizer "é idêntico a", e não "é igual a".

Quanto mais presos estivermos à nossa visão da realidade, menor será o nosso potencial para a criatividade ilimitada. O domínio pessoal é o processo de "ir além" da visão limitada que possuímos de nós mesmos, de atingir os "níveis expandidos da consciência" — também chamados de consciência criativa, como mostrado na Figura 6.

Os variados níveis de consciência representam os variados níveis de conhecimento em forma de sabedoria. Em uma empresa onde a sabedoria é abundante, existe uma grande consciência. Essa empresa funciona de forma efetiva e eficiente com a menor quantidade de perda que seria provocada por conflitos pessoais. Isso também significa que todos os funcionários podem trabalhar de forma ilimitada sempre que suas responsabilidades profissionais exigirem o uso de uma consciência criativa.

Os pontos na Figura 6 representam os níveis de consciência além daqueles mostrados, pois a dimensão da consciência é infinita. Somos limitados apenas pelas limitações que impusemos a nós mesmos, oriundas de nossa própria imaginação!

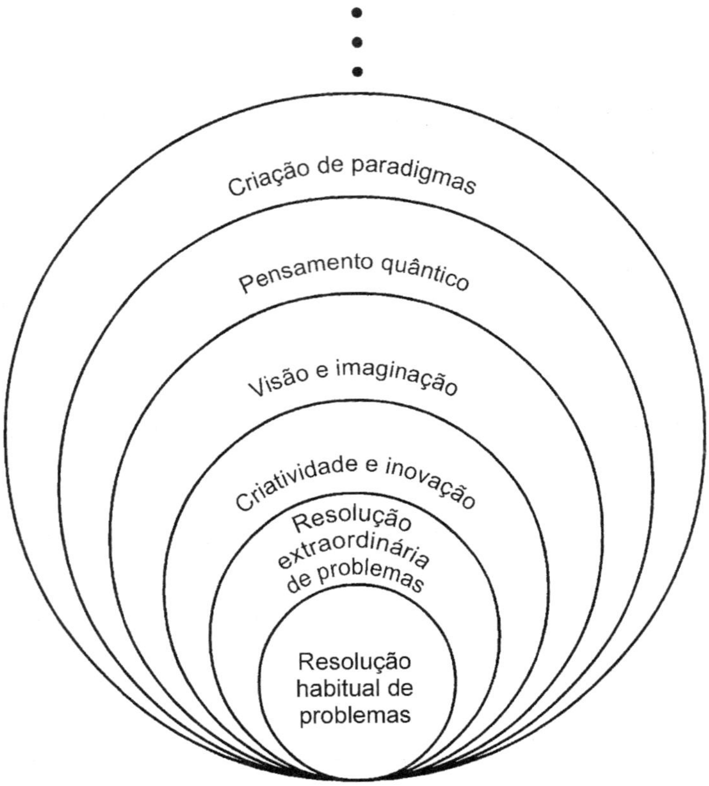

Figura 6. Níveis expandidos de consciência, além da consciência pessoal de cada um.

Sempre que "mergulhamos em nosso interior", além de nossa consciência pessoal, entramos em contato com um nível de consciência expandida como mostrado na Figura 6. Nos níveis de solução de problemas ordinários e extraordinários, passamos por um crescimento pessoal. Quando praticamos esse crescimento de forma consciente, a espiritualidade torna-se parte integrante de nossa vida cotidiana e influencia a interpretação que diariamente fazemos dos eventos da vida à medida que os vivemos. Pense em alguém com quem você tenha uma relação de crescente conflito — uma relação que desperte sentimentos e atitudes contraproducentes em você. Se estiver de fato consciente da origem de sua reação a essa pessoa, provavelmente vai resolver, permanentemente, esse conflito. Com isso não quero dizer usando mecanismos do tipo lutar ou fugir, tais como o confronto, que é improdutivo, ou "livrar-se da pessoa". Estou falando de uma avaliação séria do que *você* tem de enfrentar em si mesmo caso "abandone" as crenças sobre aquela pessoa. Pode ser que você descubra que essas crenças são *provavelmente* verdadeiras, só que a seu próprio respeito! Fazer uma auto-avaliação nesse nível significa abrir-se para todo o potencial da sua capacidade criativa.

Criatividade e inovação dependem de avanços *dentro* de um dado paradigma. São exemplos os processadores Pentium mais rápidos ou novos programas de computador. Eles são exemplos de avanços *dentro* do paradigma baseado no conhecimento. A criatividade e a inovação são usadas para gerar vantagens empresariais a curto prazo. Elas são necessidades imperativas para a ciência, para a tecnologia e para as empresas que dependem de engenharia. Portanto, nessas empresas, funcionários críticos têm de ser capazes de atingir esse nível de consciência no dia-a-dia. E, de forma correspondente, eles têm de estar dispostos a passar por uma auto-avaliação pelo menos no nível necessário para estabelecer a capacidade exigida para essas respostas criativas.

Visão e imaginação demandam mais capacidade para criar, do que conhecimento básico. Elas exigem uma capacidade para explorar o estado atemporal de consciência no qual você pode "ter uma imagem do futuro". Enxergar essa imagem significa experimentar um estado futuro com sua consciência projetada. Por exemplo, as Nações Unidas — originalmente a Liga das Nações — foram uma visão de Woodrow Wilson, o 28º presidente dos Estados Unidos. Mandar uma pessoa à Lua em 1960 foi o desafio visionário do presidente John F. Kennedy. Um mundo totalmente ligado através do uso da Internet foi a visão de Tim Berners-Lee em 1991. Sua visão levou nove anos para se concretizar, e outros quatro anos para que os outros ficassem convencidos de que era possível. Hoje, ela é uma realidade cujo potencial é ilimitado.

Aprofundar-se em sua própria consciência criativa, permite à pessoa identificar e mesmo criar novos paradigmas. Isso ocorre quando uma visão é tão ambiciosa que exige também uma grande mudança na consciência da humanidade para que tenha êxito.

Podemos mencionar alguns personagens históricos associados a essas mudanças de paradigmas: Nicolau Copérnico, Sigmund Freud e René Descartes. Copérnico afirmou que o Sol era o centro do sistema solar, e não a Terra;

Freud defendeu a existência do subconsciente; e Descartes propôs regras para o estudo objetivo da ciência, separada e independente da religião ou da filosofia.

Quando foram propostos e, por fim, aceitos, os três paradigmas provocaram uma grande mudança na forma de a humanidade encarar a realidade e o seu funcionamento. Uma visão da existência humana no planeta Terra em que "a coexistência pacífica seja um modo de vida" vai exigir uma mudança semelhante na consciência dos seres humanos, o que é a essência do paradigma espiritual. Essa mudança exigirá, sem dúvida, os seguintes princípios espirituais:

1. Somos todos *inerentemente* iguais como seres humanos.
2. Dignidade, respeito e confiança *voluntários* determinam nosso comportamento.
3. Somos responsáveis por *todas* as condições deste planeta.
4. Este planeta é *suficientemente abundante* para atender às necessidades de todos nós.
5. Estamos *inextricavelmente* ligados a tudo o que existe.

Esses princípios irão orientar, governar e caracterizar nossos comportamentos, se decidirmos reduzir o conflito humano por meio da transformação pessoal e coletiva.

Um contexto empresarial de autoconsciência

O contexto de autoconsciência existe quando os funcionários são estimulados a se comprometer com o próprio crescimento pessoal de forma positiva. As dinâmicas interpessoais de qualidade são parte arraigada da cultura. Quando os relacionamentos estão tensos ou as exigências do trabalho começam a exercer pressão sobre os funcionários, existe uma expectativa de que essas situações sejam resolvidas de imediato. Em nosso trabalho com empresas, descobrimos que os funcionários identificam, de forma consistente, cinco áreas principais relacionadas com a qualidade de suas dinâmicas interpessoais. Essas áreas são: *trabalho em equipe, relacionamentos, confiança, comunicação* e *postura*. Nós reunimos descrições resumidas de várias organizações que definem cada uma dessas características.

Trabalho em Equipe: Disposição para trabalhar com os colegas; interdependência; não se autopromover; compromisso com os objetivos da equipe;

visão abrangente; compromisso com o sucesso dos colegas de equipe; atenção e dedicação.

Relacionamentos: Ser sincero; aberto; ter integridade; dar apoio aos colegas; estar disposto a ouvir; ser confiável; ser gentil; ser autêntico; demonstrar respeito; aceitar os colegas e ter expectativas claras.

Confiança: Estar disposto a manter compromissos; ser responsável; dizer a verdade; amar incondicionalmente; guardar segredos; ter integridade; ter senso de humor; saber consolar e aceitar os colegas.

Comunicação: Ser direto, preciso, aberto e claro; não manipular as situações; ser educado e sincero; não dar desculpas; não ser ameaçador; ser confiante e enérgico.

Postura: Ser positivo, aberto, criativo, realista, cuidadoso, autêntico, enérgico, flexível, responsável, verdadeiro, dedicado e esforçado; estar disposto a tentar; ser persistente, atuante, qualificado, ambicioso e global.

A empresa consciente é aquela que avalia regularmente a qualidade de suas dinâmicas interpessoais. Para avaliar a qualidade das dinâmicas interpessoais de sua organização, você pode usar o teste que será mostrado nas próximas páginas.

Um teste de avaliação da consciência empresarial

Nas próximas páginas mostraremos um teste usado para avaliar a qualidade das dinâmicas interpessoais de uma empresa. Esse teste mede as opiniões dos funcionários com relação aos colegas, em termos de *trabalho em equipe*, *relacionamentos*, *confiança*, *comunicação* e *postura*. O ideal é que ele seja usado para unidades de trabalho, equipes ou subgrupos que não excedam a vinte pessoas. O tamanho do grupo é determinado pelo número de pessoas em uma unidade de trabalho com contato suficiente para poder avaliar uns aos outros de forma confiável.

São atribuídas quatro notas: Excelente (E), Muito Bom (MB), Bom (B) e Fraco (F), para cada uma das cinco características. Quando as notas bom (B) ou fraco (F) forem sublinhadas, isso significa que é necessário aprimoramento. Portanto, a soma de todos os bons (B) e fracos (F) creditados a uma pessoa fornece a sua pontuação total. Quanto maior a pontuação, maior aprimoramento pessoal é necessário. Além disso, as somas totais das características de um funcionário ou grupo fornecem uma resposta valiosa para o aprimoramento da empresa. À medida que os totais dos funcionários e da empresa decrescem, esta se torna mais consciente. Ou seja, quanto menor o nível de conflito interpessoal, maior é a consciência empresarial.

Geralmente a pontuação é calculada por uma pessoa que não faça parte do grupo (quando for necessário), e a resposta dada a cada pessoa é confidencial. No entanto, o total de cada funcionário, em ordem numérica e sem nomes, é fornecido para cada participante. Um formulário em branco é mostrado na página 119, e uma amostra da avaliação é mostrada nas páginas 120 a 123. Na página 124, encontra-se uma descrição mais completa desse teste e do processo de análise.

Consciência empresarial

E = Excelente MB = Muito Bom B = Bom F = Fraco

Nome	Trabalho em equipe	Relacionamento	Confiança	Comunicação	Postura
1.	E MB B F	E MB B F	E MB B F	E MB B F	E MB B F
2.	E MB B F	E MB B F	E MB B F	E MB B F	E MB B F
3.	E MB B F	E MB B F	E MB B F	E MB B F	E MB B F
4.	E MB B F	E MB B F	E MB B F	E MB B F	E MB B F
5.	E MB B F	E MB B F	E MB B F	E MB B F	E MB B F
6.	E MB B F	E MB B F	E MB B F	E MB B F	E MB B F
7.	E MB B F	E MB B F	E MB B F	E MB B F	E MB B F
8.	E MB B F	E MB B F	E MB B F	E MB B F	E MB B F
9.	E MB B F	E MB B F	E MB B F	E MB B F	E MB B F
10.	E MB B F	E MB B F	E MB B F	E MB B F	E MB B F
11.	E MB B F	E MB B F	E MB B F	E MB B F	E MB B F
12.	E MB B F	E MB B F	E MB B F	E MB B F	E MB B F
13.	E MB B F	E MB B F	E MB B F	E MB B F	E MB B F

Consciência empresarial

E = Excelente MB = Muito Bom B = Bom F = Fraco

Nome	Trabalho em equipe	Relacionamento	Confiança	Comunicação	Postura
1. João	E MB B F	E MB B F	E MB B F	E MB B F	E MB B F
2. Ricardo	E MB B F	E MB B F	E MB B F	E MB B F	E MB B F
3. Sofia	E MB B F	E MB B F	E MB B F	E MB B F	E MB B F
4. Paulo	E MB B F	E MB B F	E MB B F	E MB B F	E MB B F
5. Joana	E MB B F	E MB B F	E MB B F	E MB B F	E MB B F
6. Machado	E MB B F	E MB B F	E MB B F	E MB B F	E MB B F
7. Vladimir	E MB B F	E MB B F	E MB B F	E MB B F	E MB B F
8. Isaura	E MB B F	E MB B F	E MB B F	E MB B F	E MB B F
9. Mohamed	E MB B F	E MB B F	E MB B F	E MB B F	E MB B F
10. Adriana	E MB B F	E MB B F	E MB B F	E MB B F	E MB B F
11. Valéria	E MB B F	E MB B F	E MB B F	E MB B F	E MB B F
12. Karen	E MB B F	E MB B F	E MB B F	E MB B F	E MB B F
13. Raul	E MB B F	E MB B F	E MB B F	E MB B F	E MB B F

Consciência empresarial

E = Excelente　　MB = Muito Bom　　B = Bom　　F = Fraco

Nome	Trabalho em equipe				Relacionamento				Confiança				Comunicação				Postura			
	E	MB	B	F	E	MB	B	F	E	MB	B	F	E	MB	B	F	E	MB	B	F
1. João	4	6	2	1	7	4	1	1	8	2	2	1	3	8	1	1	7	4	2	0
2. Ricardo	5	7	1	0	7	4	2	0	6	5	1	1	7	6	0	0	8	4	1	0
3. Sofia	1	4	5	4	1	3	7	3	2	2	7	3	1	9	4	0	2	3	4	5
4. Paulo	7	5	1	0	4	7	2	0	9	4	0	0	5	6	2	0	6	4	3	0
5. Joana	2	5	5	1	3	5	6	0	0	3	8	2	2	3	6	2	0	3	7	3
6. Machado	7	6	0	0	8	4	1	0	8	2	3	0	9	3	1	0	6	5	2	0
7. Vladimir	3	4	5	1	1	5	7	0	2	2	7	2	3	3	6	1	5	6	2	0
8. Isaura	3	8	2	0	4	6	1	0	7	5	0	1	6	5	2	0	9	3	1	0
9. Mohamed	4	6	3	0	4	5	3	1	7	4	2	0	2	2	9	0	9	4	0	0
10. Adriana	8	4	1	0	9	4	0	0	7	5	1	0	6	6	1	0	11	2	0	0
11. Valéria	5	6	1	1	4	4	3	2	5	5	2	1	5	7	1	0	5	5	2	1
12. Karen	5	8	1	0	6	7	0	0	9	4	0	0	8	5	0	0	13	0	0	0
13. Raul	2	7	3	1	2	8	2	1	3	7	2	1	3	6	3	1	6	5	2	0

Consciência empresarial

Totais Sumarizados das Categorias (Bom + Fraco)

Nome	Trabalho em equipe	Relacionamento	Confiança	Comunicação	Postura	Total
1. João	3	2	3	2	2	12
2. Ricardo	1	2	2	-	1	6
3. Sofia	9	10	10	4	9	42
4. Paulo	1	2	-	2	3	8
5. Joana	6	6	10	8	10	40
6. Machado	-	1	3	1	2	7
7. Vladimir	6	7	9	7	2	31
8. Isaura	2	1	1	2	1	7
9. Mohamed	3	4	2	9	-	18
10. Adriana	1	-	1	1	-	3
11. Valéria	2	5	3	1	3	14
12. Karen	1	-	-	-	-	1
13. Raul	4	3	3	4	2	16

Consciência empresarial
(Totais das Categorias Bom e Fraco)

Nome	(B + F)
Karen	1
Adriana	3
Ricardo	6
Machado	7
Isaura	7
Paulo	8
João	12
Valéria	14
Raul	16
Mohamed	18
Vladimir	31
Joana	40
Sofia	42

Interpretação dos Resultados

Cada funcionário avaliado recebe um formulário como o mostrado na página 119.

Ele sublinha uma opção referente a cada característica, incluindo uma avaliação sobre si mesmo. A sua opção é baseada na experiência e/ou intuição, não é necessário provar nada.

Na página 121 é mostrada uma tabulação das opções relativas às características de cada um dos 13 participantes. Essa tabulação é o resultado de treze avaliações e, normalmente, é confidencial. Em geral, quem realiza a tabulação não faz parte do grupo.

Na página 122 aparece a soma das opções Bom (B) e Fraco (F) das características de cada participante. Está predeterminado que Bom (B) e Fraco (F) são classificações que exigem aprimoramento. É evidente que, quanto maior for o número relacionado a uma característica, mais claro estará que essa característica representa uma dificuldade para a pessoa avaliada. Quando os números são relativamente altos, fica muito difícil para a pessoa negar que existe um problema.

Na página 123 está o total numérico de cada participante (a última coluna na página 122). Quando o total for distribuído para o grupo, os nomes serão omitidos. No entanto, está claro que Vladimir, Joana e Sofia têm problemas de relacionamento dentro da estrutura do grupo. Os outros têm dificuldades específicas: Mohamed tem problemas de comunicação (página 122); Raul poderia melhorar de forma geral (página 122); Valéria deveria melhorar na área de relacionamentos pessoais (página 122).

Capítulo 6 A sabedoria é a ligação com a alma

Ganhar um pouco todos os dias é conhecimento.
Perder um pouco todos os dias é sabedoria.

— Lao-Tsé

Introdução

Quando refletimos sobre a palavra *sabedoria*, em geral pensamos em profetas, xamãs, sábios ou até mesmo em pessoas cultas. Mas, no sentido usado neste livro, *sabedoria significa compreensão, empatia e compaixão profundas para com a experiência humana*. Ela é um conhecimento que transcende os sistemas de valores e julgamentos. A sabedoria, na prática, está intimamente ligada à vida cotidiana, mas não é restringida pelas limitações desta quando recebe o toque de um chamado espiritual. Quanto mais a forma de executar uma tarefa se concentra nas pessoas, maior é a necessidade de conhecer mais a fundo aqueles com quem trabalhamos. Este capítulo mostrará que a sabedoria tem um papel natural no trabalho, em atividades como aconselhamento, cooperação, delegação de poder e na exploração da consciência criativa. À medida que o local de trabalho sofre a tensão das mudanças aceleradas e do constante aprendizado, a sabedoria será cada vez mais necessária como um instrumento de adaptação.

O que é sabedoria?

Você já teve alguma vez a experiência de, no pior momento de sua vida — talvez a ponto de se sentir totalmente humilhado e inexistente — contar com a aceitação incondicional por parte de alguém? No período pré-histórico de caça e coleta, por exemplo, a sentença final para um membro do clã não era a morte, que era uma ocorrência diária. O pior era o exílio — a unanimidade do grupo sobre a não-existência de um determinado membro. Isso era devastador pois significava que uma pessoa não se relacionaria com as demais. Uma vez que esse relacionamento faz parte da natureza da experiência humana, o banimento deixa a pessoa perdida, sem conexões, orientação ou bases. Por outro lado, ter alguém que nos aceite incondicionalmente, reconhecendo nosso valor *inerente* como ser humano, é um reflexo da compreensão profunda dessa pessoa com relação ao que estamos sentindo. A origem dessa forma de ser e comportar-se é espiritual.

A sabedoria é um estado de ser que facilita o surgimento de comportamentos de cunho espiritual. Na prática, ela está mais ligada à observação e à aceitação da experiência humana do que ao julgamento e ao aconselhamento. A aceitação, por parte de uma pessoa, da forma de vida que outro escolheu estabelece uma relação de confiança entre os dois. A confiança é o ingrediente essencial para se conseguir a permissão para ajudar outra pessoa em seu processo de transformação pessoal. A sabedoria também mostra o caminho para facilitar esse processo de transformação.

A seguinte história, contada por Jacqueline Bernstein, revela como a sabedoria atua em um local de trabalho que valoriza a espiritualidade.

Jacqueline Bernstein: Como aprender a ser você mesmo

Jacqueline Bernstein trabalhava em uma grande corporação varejista no meio-oeste dos Estados Unidos. Sua promoção dentro da empresa havia sido rápida, pelo fato de Jacqueline estar concentrada na carreira. Jackie, como era chamada carinhosamente, era reconhecida como uma funcionária brilhante, ativa e habilidosa no relacionamento com as pessoas. Embora tivesse diversas funções dentro da firma, ela se sobressaía nas compras para o varejo no mercado mundial. Jackie recebia o apoio da vice-presidente de *marketing*, Marilyn Scott, que havia feito carreira numa época em que as mulheres não apenas não eram bem-vindas mas até mesmo rejeitadas. Apesar dessas dificuldades, ela atingiu o sucesso graças a uma longa história de meditação baseada em filosofias orientais. A adoção dessas técnicas por parte de Marilyn não era segredo para ninguém, sendo até mesmo motivo de brincadeiras, que ela no fundo apreciava. Se o humor era uma forma de legitimar as práticas espirituais durante o horário de trabalho e, ao mesmo tempo, satisfazer os seus colegas, isso significava então que as brincadeiras beneficiavam a todos.

Durante um jantar, Marilyn sugeriu a Jackie que freqüentasse um seminário sobre desenvolvimento pessoal do qual ela própria havia participado há alguns anos. Marilyn advertiu Jackie de que o curso era muito profundo e por vezes até mesmo perturbador. Acrescentou, ainda, que estava fazendo essa recomendação por achar que Jackie, ao começar a subir na carreira, seria observada de perto pelos superiores para ver se seria capaz de manter a calma e a serenidade em situações de tensão. Marilyn disse também que esse seminário, que havia sido o ponto de partida de seu próprio desenvolvimento pessoal, consistia em práticas que ela ainda usava para manter-se em contato com sua espiritualidade. "De qualquer modo, pense nisso, pois existem mil formas de se alcançar o mesmo objetivo", concluiu ela.

Nas semanas seguintes, o interesse de Jackie foi aumentando com relação à idéia de Marilyn sobre desenvolvimento pessoal. Ela percebeu que, cada vez mais, levava para casa a tensão provocada pelos comentários de seus colegas sobre o fato de ela ser solteira. Em geral, conseguia livrar-se desses sentimentos por meio de exercícios. Mas Jackie sentia-se cada vez mais irritada e menos tolerante com esses comentários "espirituosos". Além disso, há pouco tempo alguém havia insinuado que ela era lésbica. Jackie percebeu que os colegas começavam a caçoar de sua crescente irritação. Finalmente, pediu a Marilyn que lhe fornecesse mais informações sobre o tal seminário.

Depois de outra conversa com Marilyn, Jackie decidiu inscrever-se no programa de uma semana. Quando ela chegou ao local do retiro, em Vail, no Colorado, soube que havia outros 25 participantes, todos funcionários de empresas norte-americanas. Durante a semana, Jackie começou a perceber sentimentos e emoções que estavam profundamente reprimidos. Esses sentimentos se relacionavam com o modo pelo qual ela conscientemente evitava situações que pudessem levá-la ao casamento. Como justificativa, acreditava que fora a sua condição de mulher solteira que lhe possibilitara alcançar o sucesso tão jovem. No final do seminário, os motivos de Jackie para continuar solteira desmoronaram. Na realidade, a razão pela qual ela evitava possíveis relações matrimoniais derivava de sua experiência precoce com o divórcio dos pais. O motivo íntimo dessa resistência era o de não ter de passar pela mesma separação dolorosa que sua mãe havia passado.

Ao retornar ao trabalho na semana seguinte, Jackie imediatamente procurou Marilyn para falar sobre sua descoberta. Ela confidenciou que, sem o curso, jamais teria idéia de quanto havia reprimido esses sentimentos. Jackie sempre achara importante "parecer" feliz e alegre, mesmo quando se sentisse péssima. Assim, ficara evidente que o seu hábito de agir de uma forma e sentir-se de outra era uma fonte de tensão e conflito em sua vida, a ponto de mesmo os exercícios não conseguirem eliminá-lo totalmente. O que tornava a situação ainda pior é que não havia ninguém, fora do seu ambiente de trabalho, em quem ela realmente pudesse confiar. Marilyn ouviu Jackie atentamente por mais de uma hora. Era como se 35 anos de sentimentos e emoções reprimidos extravasassem em poucos minutos.

Assim que Jackie terminou de falar, Marilyn disse que havia percebido os sinais de uma tensão crescente no seu rosto e na sua linguagem corporal. Na verdade, essa mesma linguagem corporal tinha sido a razão pela qual havia lhe indicado o curso e explicou que, mais cedo ou mais tarde, esse conflito interior se refletiria no trabalho de Jackie, podendo até mesmo levar a um incidente que colocaria em risco a carreira dela. Depois, sugeriu que Jackie pensasse em desenvolver-se pessoal e espiritualmente, através de atividades e materiais que fossem do seu agrado. Isso a ajudaria na percepção de si mesma e em continuar o processo de desenvolvimento pessoal. Marilyn terminou afirmando que qualquer pessoa, seja homem ou mulher, precisa ter alguma forma de disciplina pessoal para adaptar-se a mudanças e, dessa forma, atuar de maneira eficaz, principalmente se estiver numa posição de liderança.

Jackie tinha a sorte de pertencer a uma organização que permitia (embora não exigisse) a espiritualidade no ambiente de trabalho. Ela também foi afortunada por ter alguém que reconheceu uma situação que poderia afetar adversamente a sua carreira. A compreensão por parte de Marilyn da situação de Jackie levou-a a *sugerir* o seminário, o que posteriormente levou Jackie ao autodesenvolvimento. Nessa situação em particular, o que demonstrou a transformação de Jackie foi a sua maior tolerância quanto às deficiências dos outros quando faziam comentários desfavoráveis sobre ela. Em conseqüência da prática constante de ioga, Jackie também desenvolveu a capacidade de permanecer "centrada" em situações de tensão. Esse padrão de ser e de se comportar foi o resultado da expansão da sabedoria. Isso significa que agora Jackie também pode orientar outras pessoas que estejam em situações semelhantes à vivida por ela, da mesma forma que Marilyn a havia orientado. A essência dessa história é que Jackie aproveitou a oportunidade de integrar o crescimento pessoal e espiritual à sua vida cotidiana de trabalho e isso foi muito compensador para ela. A mensagem é: use os conflitos no local de trabalho para adquirir mais sabedoria sobre si mesmo e os demais, como um poderoso instrumento de adaptação.

O crescimento pessoal e o desempenho no trabalho andam juntos

Qual a relação entre uma profunda exploração pessoal e o desempenho no trabalho? O tema desta seção é a resposta a essa pergunta. Como vimos no capítulo anterior, a individualidade é criada pela maneira exclusiva pela qual estruturamos a nossa visão da realidade. Quando essa visão está integrada ao instinto inato de sobrevivência, acreditamos que o nosso modo de pensar não apenas seja correto como também superior ao dos outros. Essa sensação de superioridade chama-se etnocentrismo, cuja forma extrema é a xenofobia ou medo de reconhecer as diferenças.

A menos que estejamos treinados para a autoconsciência — da mesma forma que somos treinados para adquirir a necessária capacidade técnica — o resultado será o constante conflito interpessoal e o aumento do crescimento pessoal. Sob essas condições limitadas, a oportunidade de obter um desempenho extraordinário estaria limitada, pois o crescimento pessoal torna-se uma parte necessária do processo. A história seguinte é um exemplo dessa relação entre crescimento pessoal e desempenho.

Direto ao assunto

No início dos anos 90, a Texas Instruments (TI) chegou à conclusão de que, para que as operações fossem lucrativas, seriam necessárias equipes autogeridas. Como conseqüência, o trabalho de equipe foi amplamente integrado à cultura da TI. Como parte desse processo de integração, a unidade de serviços corporativos foi orientada por um grupo de recursos humanos denominado Equipe de Apoio de Alto Desempenho. Essa iniciativa foi liderada pela vice-presidente para o Ambiente, Segurança e Saúde da empresa, Shaunna Sowell.

Nessa tarefa, Shaunna cumpria o papel de líder de recursos para estabelecimento de equipes autogeridas em Serviços Empresariais e outras áreas da organização da TI. Como o crescimento pessoal era uma parte natural de sua vida, a experiência de Shaunna era de que "as mudanças ocorrem principalmente como resultado de um acontecimento emocional significativo". Por isso, sempre que surgiam conflitos, dentro dela ou com outros, Shaunna procurava soluções que mudassem tanto as pessoas quanto os processos. Por outro lado, muitos de seus colegas resistiam a essa abordagem dual para o aperfeiçoamento do desempenho e tentavam resolver os problemas apenas alterando *processos* e *procedimentos*. Quando Shaunna sugeria que o crescimento pessoal poderia ser uma parte importante da solução, seus colegas muitas vezes sentiam-se ameaçados.

Uma das empresas que Shaunna orientava estava encarregada de apoiar as operações de uma fábrica que produzia um avançado semicondutor. Essa empresa compreendia 15 engenheiros e técnicos e 25 mecânicos treinados. Ela era operada dentro do sistema tradicional de comando e controle. O gerente da fábrica, que era o seu consumidor primário, estava muito insatisfeito com a qualidade, o custo e o ciclo de tempo que o serviço estava tomando da empresa de apoio. Ele achava que as pessoas dessa empresa simplesmente não estavam à altura das expectativas.

Ao verificar as operações do departamento, Shaunna chegou às seguintes conclusões: as pessoas na empresa não entendiam as necessidades do seu cliente e acreditavam que não tinham o poder de alterar o modo de trabalho. Esses mesmos indivíduos, fora da firma, eram chefes de família, líderes comunitários e religiosos, treinadores e até mesmo proprietários de pequenos negócios paralelos. Mas, no emprego, simplesmente seguiam as instruções.

Shaunna determinou que, para que fossem bem-sucedidos, os processos de trabalho teriam que ser reformulados para que a capacidade de desempenho de todos os envolvidos fosse utilizada plenamente. É importante mencionar que a filosofia pessoal de Shaunna era a de que as pessoas desejam se sobressair. Ela acredita que, caso não consigam, isso se deve a barreiras existentes no sistema ou dentro delas mesmas. Segundo Shaunna, o papel do líder é estabelecer processos que removam essas barreiras para permitir que as pessoas atinjam o nível de excelência de que são capazes.

Sob o comando de Shaunna, a organização começou a reavaliar as expectativas dos consumidores e estabelecer as linhas básicas de seu atual nível de desempenho. Depois criaram processos e metas de aperfeiçoamento, eliminaram a hierarquia dentro da empresa, organizaram pequenas equipes de trabalho e criaram sistemas de atribuição de responsabilidade. Em 18 meses, o departamento havia reduzido o custo dos serviços em 100%, o ciclo de tempo em 300% e melhoraram a qualidade em 100%. O cliente, antes insatisfeito, agora os considerava um fornecedor de qualidade, enquanto o nível de satisfação com o trabalho dentro do próprio departamento aumentou em 30%.

Tudo isso foi conseguido pelas mesmas pessoas que antes eram consideradas más fornecedoras e até mesmo incompetentes pelo seu consumidor primário e pela gerência. O problema principal era a falta de apoio da liderança, uma vez que esse apoio era necessário para que atingissem sua plena capacidade. Uma vez que Shaunna começou a facilitar o processo, os empregados também começaram a descobrir suas próprias barreiras interiores, barreiras essas que prejudicavam o desempenho. As barreiras individuais estavam relacionadas à falta de um sentido de responsabilidade pessoal pelas tarefas e pelo desempenho — a verdadeira posse dos resultados que estavam criando. Quando esses problemas foram resolvidos, a tarefa de criar e dominar os novos processos e procedimentos foi executada com relativa facilidade.

A grande motivação das pessoas na empresa era serem bem-sucedidas, apesar dos processos de crescimento pessoal pelos quais estavam passando, que algumas vezes chegavam a ser penosos. O elemento principal do êxito era a liderança de alguém que se preocupava com eles e acreditava na capacidade que tinham de obter o máximo.

Sabedoria e poder pessoal

No Capítulo 3, definimos o poder pessoal como a capacidade de uma pessoa de aumentar seu desempenho, desempenho esse avaliado em termos de alcançar ou, de preferência, superar as expectativas dos consumidores. Notamos também que as pessoas têm potenciais diferentes de desempenho. Para obter um alto desempenho, é necessário que cada um vá além das crenças limitadoras sobre si mesmo, sobre os outros e sobre o local de trabalho. Em outras palavras, aquilo em que se acredita no momento pode ser uma limitação na descoberta do seu próprio potencial.

Caso você seja, por exemplo, um cientista ou engenheiro que *acredite* que a ciência seja o estudo da realidade, essa crença pode ser uma limitação para criar o paradigma seguinte da investigação científica. Nesse outro paradigma, talvez se descubra que a ciência está apenas indiretamente ligada à realidade, ou seja, que o que a ciência realmente faz é imitar a realidade. Com relação a esse ponto de vista, Werner Heisenberg, um dos criadores da mecânica quântica, afirmou:

O que observamos não é a própria natureza,
mas a natureza exposta ao nosso método de questionamento.

Quando começamos a ampliar os limites da capacidade humana, temos que desativar os paradigmas existentes que restringem a nossa maneira de pensar. A coragem de ir além dessas limitações é o pré-requisito para explorar os níveis expandidos de consciência. Por meio desse processo, aprendemos a ser criativos, inovadores e imaginativos, segundo as necessidades.

Para identificar e criar paradigmas é preciso uma grande sabedoria. Até onde estamos dispostos a ir além dos nossos sistemas bem fundamentados de crença, é diretamente proporcional à intensidade do poder pessoal que podemos atingir em termos de desempenho. Quando Muhammed Ali (na época conhecido como Cassius Clay) declarou que poderia derrotar Sonny Liston (campeão peso pesado de boxe), ele foi além do paradigma da "invencibilidade de Liston", na qual acreditavam quase todos os cronistas esportivos. A crença *deles* não importava nem controlava a disposição da mente de Ali. Em conseqüência, o paradigma que existia, da invencibilidade de Liston, foi derrubado quando Ali derrotou esse lutador. Assim, é importante reconhecer que, quando se tem a sensação de "certeza intuitiva", provavelmente estamos dando vazão à sabedoria interior. Quando aprendemos a confiar nessa sugestão interior, surge espontaneamente toda uma nova dimensão do que somos e daquilo de que somos capazes.

Há muitos anos, uma amiga, que era 80% nativa americana, teve um conflito interior. Ela era uma bem-sucedida administradora de um programa de recursos humanos de âmbito estadual. A luta provinha de uma sugestão interior de que ela deveria fazer outra coisa, profissionalmente. Embora o cargo administrativo já não tivesse mais atrativos, ela e a família tinham um alto padrão de vida, graças ao salário dela. O dilema essencial dela era escolher entre a família e ela mesma. Ela se debatia principalmente por não ter confiado o problema ao seu marido.

O conflito interior exacerbou-se pelo fato de que os costumes dos índios norte-americanos, que insistem em "dizer a verdade", faziam parte de sua vida desde os cinco anos de idade. Como resultado de enfrentar esse dilema, ela passou alguns meses numa intensa purificação emocional e conseguiu passar do paradigma de "eu *ou* os outros" para "eu *e* os outros". O auge desse processo foi a descoberta de que ela desejava ensinar e dar orientação numa pequena universidade da comunidade. Estando em paz com essa percepção, minha amiga simplesmente informou à família sobre sua idéia de mudar de emprego e de carreira. Como era de se esperar, os familiares aceitaram a sua decisão e continuaram a vida normalmente.

Estranhamente, a única objeção foi feita pelo seu supervisor na organização de recursos humanos. Ele simplesmente não conseguia compreender a decisão dela de mudar de carreira, e perguntou:

— Por que você está fazendo isso? O que você está pensando? Por que afinal tomar essa decisão?

Minha amiga respondeu simplesmente:

— Porque me agrada. Isso me faz feliz.

Sintonizar a sabedoria do propósito de sua vida com sua competência natural e adquirida possibilita uma participação poderosa e apaixonada na vida. Um requisito essencial para esse nível de participação é a contínua aquisição de novos conhecimentos e capacidades.

Para produzir alguma coisa é preciso conhecer alguma coisa

Embora a descoberta pessoal seja necessária, ela em si não é suficiente para produzir um produto ou serviço que represente um salto quantitativo para além daquilo que já existe. A capacidade de *manifestar* uma idéia criativa significativamente, além do que já é conhecido, baseia-se no conhecimento profundo de um campo ou matéria relevante. As crianças passam pelo mesmo processo criativo que os adultos. Mas a capacidade delas de formular as idéias está limitada pelas habilidades e pelos conhecimentos que possuem. É por isso que as invenções, os engenhos e as pinturas das crianças tornam-se mais sofisticados à medida que o aprendizado progride. Einstein tinha um conhecimento profundo de Matemática e de Física, necessário à criação da Teoria da Relatividade. As suas descobertas no campo da Física também resultaram numa compreensão expandida da experiência humana, a qual definimos como sabedoria. A seguinte declaração de Einstein *resulta* de sua profunda exploração criativa:

> *O ser humano é uma parte do todo que chamamos de "Universo", uma parte limitada no tempo e no espaço. Ele descobre a si mesmo, seus pensamentos e sentimentos, como algo separado do resto — um tipo de ilusão de ótica de sua consciência. Essa ilusão é como um cárcere para nós, que nos restringe aos desejos pessoais e à afeição por algumas pessoas mais próximas. Nossa tarefa deve ser libertar-nos dessa prisão, ampliando o nosso círculo de compaixão para abarcar todas as criaturas vivas e toda a natureza naquilo que ela tem de belo.*

A sabedoria é o resultado da expansão do poder pessoal e é ilimitada em sua capacidade. Por isso, corresponder à nossa capacidade plena exige:

1. Um processo contínuo de aprendizado cuja motivação vem de dentro: adquirir novos conhecimentos e habilidades.

2. O desenvolvimento contínuo da capacidade criativa como parte da vida cotidiana.
3. Um programa sistemático de crescimento pessoal e espiritual.
4. Sabedoria para descobrir o objetivo de sua vida e a coragem para vivê-la.

O eu espiritual precipita mesmo as coisas

Acontece com freqüência que uma pessoa no caminho do crescimento espiritual se depare subitamente com uma grande mudança. Isso ocorre em geral com pessoas que criaram uma ligação com a sua sabedoria interior ou um canal para ela. Também sucede muitas vezes que, quando se dá esse chamado interior, essas pessoas entram em conflito com sua atual situação de vida. A força espiritual, que incentiva a auto-expressão, é tão poderosa que é praticamente invencível, não importando quais sejam as conseqüências para o "mundo real". Esses resultados podem compreender mudanças no estado civil, na atividade profissional, nas responsabilidades familiares ou na descoberta do propósito da sua vida. Em outras palavras, o eu espiritual "vê" as coisas a partir de uma perspectiva maior do que a do eu humano. É ele que tem o controle definitivo das escolhas que precisam ser feitas. As pessoas que "sabem no fundo do coração" aquilo que devem fazer sempre enfrentaram essa dicotomia. A partir da perspectiva espiritual não existe dicotomia, a qual se transcende. Esse tipo de dilema clássico está ilustrado pela história de Lydia e Barry.

Barry montou um pequeno negócio relacionado com o desenvolvimento empresarial. Ele havia se demitido recentemente de uma posição segura e bem-sucedida numa grande empresa, na qual trabalhara durante vinte anos. Os produtos e serviços da nova companhia eram o resultado da criatividade de Barry na transformação pessoal e empresarial. Lydia juntou-se a Barry como sócia, trabalhando por meio período, no início do crescimento do negócio. Depois de um ano, passou a funcionária de tempo integral. Lydia e Barry gostavam de trabalhar juntos e ambos consideravam o processo desafiante de crescimento pessoal como parte integrante da vida. Em conseqüência dos esforços conjuntos, o negócio prosperou mais do que haviam sonhado. O estreito relacionamento pessoal também levou ao casamento e a dois filhos.

No nível pessoal mais profundo, Barry e Lydia estavam crescendo e mudando num ritmo muito rápido, como resultado da investigação espiritual. O que nenhum deles percebeu conscientemente é que os seus caminhos espirituais estavam se distanciando quanto ao modo de operar e desenvolver o negócio. Como conseqüência, eles tinham pontos de vista conflitantes com relação aos seguintes problemas: "Como podemos atuar melhor no negócio?", "Em que direção a empresa deve crescer?", "Quem deve tomar as decisões finais?"

O conflito — interior e exterior — é o resultado natural da mudança e persistirá se não for encarado e dirigido construtivamente. Um conflito intenso e constante é o precursor de grandes mudanças que finalmente sintonizarão a pessoa com a sua missão espiritual, quer ela esteja consciente ou não de seus objetivos.

Finalmente Lydia decidiu abandonar o negócio e abrir sua própria empresa. O conflito entre ela e Barry levou à separação e depois ao divórcio. Aparentemente Lydia encontrou a felicidade em sua própria empresa e tem uma noção bem clara de seu chamado espiritual. Barry, por sua vez, continua dirigindo o seu negócio com sucesso.

A moral da história é que, uma vez feita a ligação espiritual, como no caso de Lydia, é praticamente impossível ignorá-la ou isolá-la. Do ponto de vista humano, o desafio é aprender a *conviver* com a dicotomia. Por um lado, existe a satisfação do *eu* e, por outro, o compromisso aparentemente oposto, com os *outros*. As nossas ações humanas favorecerão um ou outro, dependendo de quem esteja fazendo a observação e interpretação. Mas o nosso eu espiritual contempla essa aparente dicotomia como uma coisa só, uma vez que a satisfação do eu e dos outros não pode ser separada, qualquer que seja a situação de vida resultante. No caso de Lydia e Barry, permanecer juntos, separar-se ou divorciar-se são igualmente aceitáveis para o eu espiritual. Somos amados e aceitos pelo nosso eu espiritual, quaisquer que sejam as escolhas que venhamos a fazer. Em última análise, estar *sintonizado* e *integrado* física, mental e espiritualmente como pessoa é a *única* fonte segura na tomada das decisões. Essa sensação de certeza vem de dentro. Isso é sabedoria.

A sabedoria está em torno e dentro de nós

Na realidade, a sabedoria no trabalho não é novidade. Ela apenas ainda não foi reconhecida e legitimada como algo essencial para o sucesso do empreendimento, pelo menos no mundo ocidental. A sabedoria sempre foi valorizada e integrada no funcionamento de empresas e sociedades orientais. As tradições de negócios do Japão estão fundamentadas nos princípios de Buda (budismo) e de Sun-Tsé (*A arte da guerra*), enquanto as da China em Lao-Tsé (taoísmo) e Confúcio. Existe sabedoria no velho ditado: "Temos de aprender também com a sabedoria dos outros, pois individualmente não cometemos erros suficientes para aprender tudo o que precisamos saber." Quando aprendemos algo novo, em geral é porque alguma coisa em que antes acreditávamos agora não tem mais valor. Estar aberto à contínua mudança da realidade é a chave para a aquisição da sabedoria.

À primeira vista, a citação de Lao-Tsé no início deste capítulo:

Ganhar um pouco todos os dias significa conhecimento;
perder um pouco todos os dias significa sabedoria,

pode parecer paradoxal. Mas, se lembrarmos da definição de sabedoria — compreensão, empatia e compaixão para com a experiência humana — então perder um pouco todos os dias significa abandonar regularmente uma opinião, uma idéia, uma crença ou um valor sobre como deveria ser a vida.

O importante é que uma crença que foi abandonada não precisa ser trocada por outra. O que a substitui é uma "forma natural de ser". É por isso que descrevemos a sabedoria como uma forma de ser. Essa forma natural de ser é resultado de abrirmos mão da opinião que temos acerca de "como deveriam ser", "como poderiam ser", "como terão de ser", e simplesmente aceitarmos as coisas "como elas são" como um *prelúdio* para o relacionamento com os outros. Esse é o processo contínuo de perder um pouco todos os dias.

Uma retrospectiva pessoal

Em 1978, iniciei um processo contínuo de crescimento pessoal. Isso começou com a minha experiência de trabalhar com colegas euro-americanos na qualidade de diretor do Departamento de Química da Universidade de Utah. Foi ali que comecei a perceber os preconceitos que eu havia cultuado durante a minha formação em Nova Orleans, na Louisiana. Logo reaprendi o que significava ser pessoalmente responsável, mas o fiz num contexto racial do qual anteriormente eu achava ter sido uma vítima. Assumir a responsabilidade pela contribuição que eu mesmo fizera para o desajuste interpessoal na área racial foi um avanço significativo no meu próprio desenvolvimento. Isso forneceu a base para a confiança que adquiri para competir num campo desigual sem me sentir prejudicado.

Essa nova visão foi tão significativa na reformulação da minha vida, que comecei a estudar filosofias e disciplinas de outros lugares do mundo, como a China, o Japão, a América do Sul e a Europa. Para minha surpresa, muito do que aprendi ajudou a aperfeiçoar as minhas pesquisas na universidade. Essas atividades incluíam planejar experiências complexas, resolver enigmas de cunho científico e oferecer explicações para as observações que fazíamos. Entre as práticas de disciplina pessoal que aprendi estavam a visualização criativa, a programação subliminar e durante o sono, os exercícios com os olhos fechados, a meditação e o pensamento quântico.

Como grande parte da realização de pesquisas básicas consiste em ser capaz de agir *além* dos limites atuais de nossa criatividade, esses requisitos levaram-me a uma profunda investigação da consciência. Isso significava identificação de paradigmas (pensamento quântico), criação de paradigmas e a descoberta dos níveis mais profundos de consciência, em termos da expansão do potencial humano. Foi durante esse processo, em 1985, que passei pela criação de um canal para a minha consciência criativa. Embora esse canal fosse uma fonte constante de novas informações e idéias para a pesquisa científica, ele também transmitia informações contrárias a algumas das crenças mais básicas daquilo que eu considerava como realidade. Uma das mensagens, por exemplo, era o axioma: "Não existe realidade objetiva. A realidade é um produto da rica imaginação da humanidade." Transmissões desse tipo levaram-me a reavaliar a sabedoria de minhas explorações profundas. Finalmente, uma declaração de Picasso (citada anteriormente neste livro), explicou a fonte do meu mal-estar e confusão:

Um ato de criação é ao mesmo
tempo um ato de destruição.

Quanto maior for a profundidade da descoberta, maior será o desafio para as nossas crenças atuais sobre a realidade, pois essas crenças mudam continuamente, à medida que adquirimos mais sabedoria. No meu caso, o mal-estar e a confusão persistiram por seis meses. Até que um dia, sem mais nem menos, um rapaz magro e barbudo, dono de uma livraria esotérica, entrou na minha vida. Iniciamos uma conversa inocente a respeito de um livro recente sobre estados de consciência e, enquanto continuávamos a conversar, tive uma sensação estranha de que na verdade ele me fazia perguntas para avaliar o quanto eu estaria aberto a idéias metafísicas. Eu não apenas estava receptivo como também desesperado para que alguém me explicasse tudo o que estava me acontecendo. Depois de uma série de discussões comecei a entender melhor aquelas dimensões de consciência que não se sujeitam às "leis" do paradigma newton-cartesiano. Esse entendimento ofereceu-me uma visão mais ampla de minhas pesquisas e um maior distanciamento de suas suposições subjacentes. O distanciamento é a chave para a investigação ilimitada da consciência criativa e representa um domínio maior sobre os acontecimentos da vida. Para mim, aquele rapaz magro e barbudo foi, decididamente, um exemplo do ditado que reza: "Quando o discípulo está pronto, o mestre aparece."

Conclusão

E como ficamos? A sabedoria é uma forma de ser que resulta naturalmente da transformação pessoal e espiritual. É a compreensão, a empatia e a compaixão profunda pela experiência humana. Se o local de trabalho passa a ficar cada vez mais diferente das perspectivas humanas, culturais e sistemáticas, é claro que serão necessárias soluções além das normalmente usadas para resolver os problemas ou uma solução conciliatória em favor do bom andamento dos negócios. Portanto, todos os membros da equipe terão de dominar essa "capacidade de ser" que é proporcional ao seu nível de responsabilidade.

Essa conclusão foi muito bem formulada por Albert Einstein:

O mundo que construímos como resultado do nível de pensamento que tivemos até agora cria problemas que não podemos solucionar no mesmo nível em que os criamos.

Os problemas aos quais ele se refere só podem ser resolvidos por meio da expansão da sabedoria pessoal e coletiva e, talvez, de um novo paradigma para a existência humana. Esse novo paradigma será discutido no Capítulo 8. Para atuar nesse novo paradigma, é necessário ter uma definição mais ampla de liderança, o que será o assunto do próximo capítulo.

Nas páginas seguintes há algumas sugestões de como incorporar a sabedoria ao relacionamento diário com as outras pessoas, tanto no trabalho quanto na vida pessoal.

Pérolas de sabedoria*

O que se segue são medidas práticas que podem ser incorporadas à vida profissional, quando apropriado:

* Fonte: Thomas Cannon, Ph.D.

1. *Demonstre maior confiança nos outros.*

    - Deixe que os outros criem (e sigam) suas próprias soluções, mesmo que ache que eles estejam errados.
    - Expresse o seu apoio às decisões e às ações deles.
    - Exija menos aprovação para as ações deles.
    - Não questione os motivos dos outros.
    - Não ignore a contribuição de outras pessoas.

2. *Tenha paciência com as pessoas.*

    - Dê-lhes tempo para encontrar suas próprias soluções.
    - Não interrompa nem termine as frases dos outros no lugar deles.
    - Abstenha-se de fazer julgamentos prematuros sobre a capacidade ou responsabilidades das pessoas.

3. *Tumultuando o ambiente você pode vencer a batalha, mas pode perder a guerra.*

    - Trate todos, em todas as ocasiões, de igual para igual.
    - Não use linguagem carregada de emoção em nenhuma circunstância.
    - Use a intuição *e* a razão para convencer os outros, em vez da intimidação.

4. *Você pode assumir o controle a partir da ausência absoluta de controle.*

    - Descreva e não prescreva.
    - Deixe que os outros montem a programação, as restrições e os horários para o trabalho atribuído a eles.
    - Esclareça as perspectivas.
    - Identifique a relação entre as ações e as conseqüências e deixe que os outros decidam que medidas devem tomar.

5. *Não se pode criar intimidade por meio de intimidação.*

    - Deixe a hierarquia de lado ao lidar com os subordinados.
    - Ouça a opinião de pessoas com visões diferentes.
    - Não exiba diplomas e credenciais.
    - Fortaleça a auto-estima dos demais expressando confiança na capacidade deles e aplaudindo-lhes os esforços.

6. *Considere todos os relacionamentos como se fossem indispensáveis para o sucesso.*

    - Coloque uma câmera de vídeo imaginária na sala.

- Trate cada pessoa da mesma forma que você trataria o presidente da companhia.
- Fique atento a todas as conversas, por mais insignificantes que pareçam.

7. *Imagine que cada caso pode ser aquele no qual você está errado.*

   - Admita a possibilidade de estar errado.
   - Solicite ativamente idéias alternativas.
   - Ouça realmente as demais sugestões e procure uma forma de experimentá-las.

8. *Os resultados, para serem positivos, devem levar em consideração sempre o impacto que terão sobre as pessoas.*

   - Fique atento para a forma pela qual o seu comportamento afeta os demais.
   - Imagine como você se sentiria se estivesse no lugar de outra pessoa, em qualquer situação.
   - Pense em como você se lembrará desse episódio quando tiver 90 anos de idade.
   - Valorize o ponto de vista e as sugestões das outras pessoas.

9. *O valor e o significado são inerentes e independentes das conquistas.*

   - De vez em quando, pare e imagine um ponto de vista a 10 mil anos-luz de distância.
   - Lembre-se de sua unidade com todas as outras entidades do universo.
   - Desista da contagem de pontos.

Capítulo 7

A nova liderança: Espiritualidade

O verdadeiro líder inspira as pessoas a realizar obras grandiosas e, quando o trabalho está feito, seu povo diz orgulhosamente:
— Nós mesmos o fizemos!

— Lao-Tsé

Introdução

Os requisitos para se manter numa atividade comercial mudaram drasticamente nos últimos quinze anos do século XX. Esse fenômeno combina com o início da Era do Conhecimento, iniciada por volta de 1985. Dentro desse paradigma, a capacidade de criar novos conhecimentos era essencial para o desenvolvimento de novos produtos e serviços. Informação, capital e terras ficavam menos limitados do que nos paradigmas anteriores. Essa alteração permitiu que países, tradicionalmente classificados como "subdesenvolvidos" e "em desenvolvimento", tivessem um papel significativo na comunidade econômica global. Entre eles estavam a Índia, o Paquistão, a Tailândia, Cingapura, Hong Kong e Filipinas. A China também deverá ter um lugar de destaque no século XXI. Como conseqüência dessa maior participação na corrente dos negócios, as exigências para exercer a liderança também aumentaram.

Liderança é a capacidade de influenciar o pensamento, o empenho e a maneira de agir dos outros. O ponto de partida para liderar é a visão que parece atraente quando comparada ao estado presente de coisas. A liderança ativa envolve outras pessoas no processo de alcançar essa visão, e termina quando essa mesma visão se torna realidade. No Capítulo 5, tratamos da visão de Tim Berners-Lee que fez com que a Internet se tornasse uma realidade. O seu sonho era "criar um mundo de informações ao alcance de todos". Demorou nove anos até que Berners-Lee desenvolvesse essa percepção. Durante esse período, ele afirmava que "deixar que a visão continue sendo apenas um pressentimento é particularmente importante. No momento em que põe a visão no papel, você limita os objetivos e as possibilidades que sua mente poderia estabelecer. Você interrompe o processo criativo do subconsciente, o qual possibilita o amadurecimento de suas idéias como uma teia de associações aleatórias e ainda não desvendadas". Ao concretizar essa visão, ele se concentrou na tarefa de criar a rede mundial de computadores. Demorou quatro anos para persuadir o novo público de que se tratava de uma boa idéia. Em 1991, a Internet se tornou uma realidade.

Neste capítulo, iremos explorar o assunto da liderança no que diz respeito às mudanças que vêm se processando tão rapidamente no ambiente comercial. Boa parte desse assunto tratará do líder no meio dessas mudanças, sejam internas ou externas. Iremos explorar também os assuntos do autoconhecimento, da percepção e da liderança dinâmica. O capítulo termina por debater a Nova Liderança como resultado do florescimento da Era da Espiritualidade.

O primeiro passo: "Conhece-te a ti mesmo"

A liderança começa com o conhecimento de si mesmo. A frase "Conhece-te a ti mesmo" era uma antiga inscrição délfica em Tebas, na Grécia. Ela se refere ao processo contínuo de auto-investigação que vai além dos limites da consciência pessoal. Significa a comunicação com a própria alma. A comunicação com essa fonte interior ilumina a meta da existência. Sintonizar o propósito da vida com os talentos, habilidades e capacidades naturais é o primeiro passo para a liderança espiritual. Esse impulso interior natural para a auto-expressão é a fonte da responsabilidade e da paixão.

Entre os líderes espirituais reconhecidos ao longo da história podemos incluir Martin Luther King Jr., Mohandas K. Gandhi e o chefe índio Joseph. Essa classificação torna-se ainda mais confusa, e até mesmo controvertida, quando consideramos indivíduos como Malcolm X, Anuar Sadat, Yitzhak Shamir, Abraham Lincoln ou Susan B. Anthony. Apesar disso, cada um deles passou pelo profundo processo pessoal de autocompreensão como prelúdio para os papéis importantes que exerceriam na vida. Do mesmo modo, é possível que atualmente existam muitos líderes espirituais ocultos no mercado de trabalho. Eles estão espalhados entre empresas grandes e pequenas. Muitos deles simplesmente ainda não revelaram publicamente a sua espiritualidade por motivos pessoais.

Eles foram os mestres que influenciaram os nossos anos de formação; o médico que, carinhosamente, nos devolveu a saúde física, mental e espiritual; o presidente da companhia que se posicionou a favor de oportunidades iguais, a despeito de quaisquer possíveis conseqüências para os negócios; o chefe que apoiou o nosso crescimento pessoal e profissional; o colega que sempre esteve ao nosso lado nos momentos difíceis e o empregado que pratica em sua vida os valores espirituais. Eles formam a vanguarda para a transformação que reconhecerá e dará à espiritualidade o caráter de uma necessidade funcional nos negócios e no mercado de trabalho. A história seguinte descreve como Janice Hoffman conseguiu expandir significativamente a sua missão comercial depois de desenvolver o pensamento quântico.

Janice Hoffman: A exploração das profundezas da personalidade

Janice Hoffman é presidente de uma empresa do ramo de entretenimento, localizada no sul da Califórnia. Ela produz, dirige e escreve para a televisão e é extremamente criativa em todos os aspectos do entretenimento. Há mais de dez anos ela tem persistido num caminho de crescimento pessoal e espiritual. Janice sabe que o seu sucesso nos negócios depende da capacidade de atingir os níveis mais profundos de sua consciência criativa.

Há alguns anos, Janice começou a estudar o pensamento quântico. Esse processo desafiou-a a iniciar a exploração pessoal num grau jamais atingido anteriormente. Como é importante conhecer a formação de Janice para compreender a sua busca pessoal, informamos que ela foi criada numa família muito religiosa. Seus pais tinham regras muito rígidas para a educação das crianças. De modo geral, a vida familiar era muito estruturada. Durante a adolescência, Janice sempre teve problemas, decorrentes talvez de uma infância demasiadamente estruturada. O que ela não entendia na época é que ser "má" era simplesmente o lado oposto da dicotomia de ser "boa". Conseqüentemente, a sua luta interior, que abrangia o conceito de comportamentos "bons" e "maus", iria dominar a sua vida até que ela conseguisse atingir a sabedoria para transcender ambos.

A percepção da personalidade é adquirida, primeiro, pelo processo profundamente introspectivo de reconhecer que as crenças, elaboradas por nós mesmos, é que são a fonte dos conflitos, e não as expectativas dos nossos pais.

Segundo, pela aceitação da responsabilidade total pelo resultado dos nossos atos, independentemente de esses resultados serem classificados de bons ou maus. É então que a pessoa não procura mais ser "boa", motivada pelo conceito de "bom comportamento", mas finalmente fica livre para viver com naturalidade. Observemos como esse processo de duas etapas atuou de forma positiva na aquisição do pensamento quântico por parte de Janice.

Durante o processo de exploração, Janice descobriu barreiras profundamente ocultas, relacionadas à sua formação, que impediam a expansão de sua criatividade. Esses obstáculos eram as crenças arraigadas no valor que tinha como pessoa, valor esse baseado numa educação religiosa. Ela percebeu também que, de acordo com a realidade dela, o apreço, o valor e o comportamento estruturado estavam interligados. Eles eram os critérios pelos quais ela avaliava a si mesma como pessoa boa ou má. A ruptura se deu quando Janice chegou à conclusão de que a crença fundamental sobre si própria não tinha valor: "Se eu for boa, terei valor." Depois de várias semanas refletindo sobre essa afirmação equivocada, Janice concluiu que seu merecimento ou valor como pessoa não dependia de comportamento nem de conquistas. *Ela tinha valor em virtude do fato de ser ela uma expressão humana da consciência espiritual.* Ademais, nenhum feito ou conquista poderiam torná-la mais ou menos merecedora. "O valor é um direito de nascimento!", intuiu Janice. Ela simplesmente deveria resgatar seu sentimento inato de valor como algo que lhe fora dado, sem necessidade de provas.

Janice percebeu também que "bom comportamento" significava tentar viver à altura das expectativas dos outros, enquanto "mau comportamento" eram as tentativas de ser ela mesma. Essa percepção levou-a a assumir a responsabilidade pelo seu papel na criação de conflito constante em sua vida. Descobrir e superar barreiras nesse nível nos torna livres para conhecer o pensamento quântico. Portanto, a liberdade para criar, no nível mais profundo da consciência criativa, exige a invalidação de alguma crença fundamental que se possa ter sobre si mesmo e que não seja válida na realidade empírica. Essa crença fundamental, por natureza, limita quem a cultiva.

Como mencionamos anteriormente, um crescimento espiritual dessa natureza resulta também numa consciência mais ampla da personalidade, a que nos referimos como sabedoria. Essa capacidade de descobrir a nós mesmos e, conseqüentemente, de recriar as atividades profissionais, deriva da sabedoria. No caso de Janice, a companhia dela reelaborou sua missão e expandiu as atividades de entretenimento para projetos nas áreas de orientação espiritual, metafísica e humanista. Uma vez alcançado esse grau de clareza sobre si mesmo, é possível projetar um futuro estado de atividade naturalmente movido por paixão e dedicação. Essa capacidade é chamada de visionária e o estado projetado, futuro de visão.

Visão

Com uma visão clara do próprio eu, estamos em posição de criar, ou de recriar, o futuro. Isso é conseguido quando se estabelece uma visão. Meu símbolo de visão é um farol. Ele pisca continuamente na distância, para orientar quem se desviou do curso. Ele está lá, dia e noite, para que possamos lembrar constantemente daquilo que desejamos conseguir. Ele também nos alerta sobre os perigos que podem surgir e ameaçar o nosso êxito. Lembremo-nos de que a finalidade do farol é alertar sobre águas pouco profundas ou rochas que possam ameaçar a viagem de um navio. A história de Chris Harding ilustra como uma visão de origem espiritual cria um tal tumulto interior que não pode ser ignorada.

Chris Harding: o fogo interior

Chris Harding, como Janice, estava há mais de vinte anos no ramo de entretenimento. Há algum tempo, ele sentia-se descontente com a sua atuação. Havia feito um trabalho excepcional, produzindo especiais para a Disney, e filmes como *The Christmas Box* para a CBS Television. Mas durante a produção desse filme, ele notou que sua atividade consistia principalmente em orientar os outros e retirar-se sistematicamente do filme. À medida que a filmagem prosseguia, uma pergunta surgiu em sua mente: "O que estou fazendo aqui?" Em momentos de relaxamento ou de desatenção, isso pode ser animador ou perigoso, dependendo de como encaramos a mudança pessoal.

Chris foi levado a reconhecer que queria fazer algo diferente. Ele descrevia isso como "um fogo dentro de mim". Obviamente, a chama já estava lá há algum tempo, provavelmente em fogo baixo. Ele relata que o processo era como se estivesse chegando ao fim de uma era em sua vida. Agora ele se sentia livre para responder a perguntas como: "O que é que *eu* quero fazer?" e "O que me atrai?" Enquanto isso, passou a anotar os pensamentos que borbulhavam em sua mente, que chegaram a dez páginas cheias de idéias. O tema geral dessas notas era "criar uma atmosfera que tenha maior probabilidade de tornar as pessoas bem-sucedidas". A mudança ocorrida dentro dele também o levou a passar de uma atitude de "mãos na massa" para outra de "supervisão", ou "observação". Essas idéias logo tornaram-se a pedra fundamental para o tipo de companhia que ele desejava criar.

O que não mencionei foi que o crescimento pessoal e espiritual é uma parte integrante na vida de Chris. Em conseqüência, ele aprendeu como *observar* os outros e a si mesmo, no processo de viver. Ele encara a vida mais como um aprendizado contínuo de autodescoberta do que como um processo para atingir objetivos. Ele vê as metas como marcos para colocar em ação esse "aprendizado da vida". Há alguns anos, Chris iniciou seriamente a prática do zen, que consiste em meditação, estudos de *koans* e entrevistas pessoais com o *sensei* (líder zen). O *koan* é um enigma sem solução, usado para provocar a iluminação súbita, como por exemplo: "Qual é o som de uma mão batendo palmas?" A prática do zen foi fundamental para Chris em sua transição, sem que tivesse a necessidade de passar por uma crise. Muitos de nós passamos por grandes transformações criando grandes crises, como um importante desafio no trabalho, uma doença ou um mau desempenho, de modo que ninguém mais possa ser responsável pela nossa mudança. Na situação de Chris, nenhuma crise foi necessária.

Quando ele resolveu mudar de carreira, suas dez páginas de anotações logo se transformaram numa clara constatação: "Adquira, desenvolva, produza e distribua produtos de entretenimento que tenham um fundo espiritual ou que levem a transformações." Antes de informar o seu chefe sobre sua decisão, ele conversou com a família sobre a intenção de mudar de carreira. Avisou-lhes que deveriam estar preparados para a eventualidade de que essa decisão o levasse a deixar a companhia e que talvez passassem possíveis dificuldades posteriormente.

Antes que informasse a firma de sua decisão, um dos vice-presidentes o abordou e perguntou:

— Chris, o que você faria se tivesse oportunidade de abrir uma nova empresa?

Quando Chris explicou o que tinha em mente, descobriu que o vice-presidente tinha um ideal semelhante. Então os dois, com mais alguns colegas, prepararam uma proposta por escrito sobre como essa idéia poderia se encaixar nos objetivos e na missão da corporação. Depois de receber a proposta, a liderança executiva da companhia estudou-a durante dois meses. Chris contou que, durante esse período, desligou-se completamente da decisão. Esse distanciamento foi causado por uma "consciência interior" de que, ao procurar realizar seus ideais, ele estava fazendo aquilo que achava certo. E ele tinha certeza de que sua nova atividade profissional seria viável, quer a proposta fosse aceita, quer não. Para sua surpresa, a companhia decidiu investir naquele projeto.

Desde o começo, Chris tinha idéias bem definidas sobre a natureza dos produtos, o sistema administrativo e a relação entre os empregados e o que produziam. Da mesma forma que o fabricante de automóveis Saturn, ele queria criar "uma forma diferente de companhia". Os produtos de entretenimento que tinha em mente seriam orientados para a família. Eles apresentariam valores relativos a responsabilidade, autorização para agir, liderança, compaixão, igualdade, esperança, fé e amor: todos eles conceitos espirituais. A filosofia da nova companhia seria a de que todos os membros da equipe seriam exemplos vivos do que seria produzido. Os empregados e os produtos seriam uma coisa só.

Alguns anos depois de formado o novo empreendimento, a equipe de Chris já havia distribuído mais de uma dúzia de filmes de alta qualidade, estabelecido uma florescente companhia de vídeos e levado algumas de suas gravações ao primeiro lugar nas paradas de sucesso. Apesar disso, havia um nível crescente de conflito entre Chris e a sede da empresa. Essa situação levou-o a perceber que sua visão não coincidia totalmente com a da corporação. Assim, decidiu deixar a firma para que tanto ele quanto a corporação pudessem ser fiéis aos seus respectivos sonhos e idéias.

Chris chegou a um acordo amigável com a matriz. No momento, ele está montando uma companhia independente que possa levá-lo a concretizar a visão que teve, sem as restrições e preocupações inerentes à situação anterior. Embora muitas pessoas digam que não faz sentido ele perseguir esse sonho à custa do emprego, Chris acha que a concretização de seu sonho está acima da segurança de um cargo fixo.

O aprendizado: Podemos tirar algumas conclusões da experiência de Chris:

1. É necessário ter um profundo conhecimento da própria personalidade para criar uma visão grandiosa *e* duradoura, tanto para si mesmo quanto para os outros.

2. Práticas de crescimento pessoal e espiritual podem ser importantes para que as grandes transições da vida ocorram sem crises e sem criar vítimas ou inimigos.

3. Os riscos que uma pessoa pode correr são diretamente proporcionais ao de sua sensação de segurança interior.

4. O grau de apreensão que alguém sente ao fazer uma mudança importante reduz-se bastante quando a pessoa tem uma compreensão profunda de si mesma.

5. Quem se empenha no próprio desenvolvimento atinge os objetivos comerciais da mesma maneira que quem não o faz, mas tem a vantagem de preservar, durante o processo, o seu bem-estar e o dos outros.

Como já afirmamos, uma vez estabelecida uma visão eficaz, o próximo desafio para o líder é transformá-la em realidade.

A liderança dinâmica

A liderança é posta à prova principalmente durante os períodos de grandes desafios, ou mesmo de crises. A concorrência externa raramente é o maior desafio. O mais difícil é reagir à necessidade de mudança. Ou respondemos passivamente, devido ao medo, ou então ativamente e com determinação — ou com uma mistura de ambos. A liderança dinâmica foi o processo que Laura Henderson usou para reformular os seus negócios.

Laura Henderson é proprietária de uma pequena companhia de impressão, em Phoenix, no Arizona, a qual tem prosperado há mais de quinze anos. Parte desse sucesso deveu-se ao conhecimento que ela tinha dos avanços no mundo dos negócios, principalmente quanto a custo, qualidade, prazos e serviços sempre confiáveis. Tendo isso em vista, ela propôs ao seu pessoal que investissem em equipamentos da DocuTech, que permitiriam avanços significativos nos serviços. Mas, acima de tudo, ela sentia que, se não investissem nessa nova tecnologia, a sua firma seria seriamente ameaçada pela concorrência.

Laura apresentou a proposta ao pessoal num momento em que os negócios estavam particularmente bons. Nenhum dos principais concorrentes utilizava a DocuTech. Na verdade, usar esse tipo de equipamento, nessa época, representava ter problemas de manutenção que ameaçavam o custo real. Os funcionários de Laura, na sua maioria, trabalhavam com ela desde o começo. Eles eram leais e dedicados, mas resistiam às mudanças. A principal objeção que fizeram foi de que teriam de aprender a lidar com computadores e com a tecnologia de apoio. Alguns empregados teriam de ser treinados novamente para se especializarem nos diversos programas de computador e transferência de documentos a distância por meio de linha telefônica. Além disso, as conferências e balanços que faziam, utilizando pessoal próprio, teriam de ser eliminadas. Como conseqüência, todos teriam de ter mais liberdade e poder, para assegurar a qualidade do trabalho. Quanto mais eles percebiam as grandes mudanças que seriam ocasionadas por essa operação, maior a sua resistência, ainda mais porque *aparentemente* não havia necessidade imediata de tantas alterações.

Laura decidiu usar uma tática diferente para convencer o pessoal. Ela começou descrevendo um futuro grandioso, próspero e com mais oportunidades. Ela também apresentou projeções convincentes de como a tecnologia de informação revolucionaria o mundo dos negócios. Laura disse que sabia como seria traumática essa mudança para muitos deles, mas prometeu apoio incondicional durante o processo. Ela mostrou que os objetivos da firma teriam um sucesso tal que eles nem poderiam imaginar, mas que isso envolveria alguns riscos. Os funcionários ouviram pacientemente, mostraram pouco entusiasmo e continuaram a trabalhar como sempre.

Laura estava diante de um dilema pessoal e profissional. Se ela levasse avante as mudanças apesar das objeções, perderia alguns dos mais fiéis empregados, aos quais ela se afeiçoara. Caso não o fizesse, chegaria um momento em que viria a perder o próprio negócio, que significava tanto em sua vida. Laura estava enfrentando uma decisão da "vida real": ou eu *ou* os outros. Pelo menos parecia assim na ocasião, em contraste com "eu *e* os outros". Apesar da resistência da maioria, alguns empregados tinham o mesmo ponto de vista de Laura. Eles disseram que estariam ao lado dela, quaisquer que fossem os resultados. Uma funcionária mostrou tanta dedicação e empenho que Laura começou a treiná-la para ser líder no futuro.

Laura conseguiu adquirir o equipamento da DocuTech graças a um empréstimo, dando como garantia a sua casa. Quando as máquinas chegaram, instituiu-se uma nova realidade. A resistência passiva deu lugar a bisbilhotices e o ambiente piorou. Começaram a ocorrer quedas na qualidade bem como atrasos nas encomendas. Por vezes Laura pensou se não teria tomado a decisão errada. Será que tudo isso valeria a pena? Nessas ocasiões, os poucos que compartilhavam da sua visão ofereciam apoio e liderança. Laura sentiu que, sem esse apoio, provavelmente não teria conseguido levar adiante os seus planos. Esse encorajamento deu-lhe a oportunidade de avaliar sua posição e concentrar-se na tarefa que tinha pela frente. Antigos empregados começaram a sair quando viram que Laura estava determinada a transformar a empresa.

Durante essa transição, houve momentos em que as coisas pareciam estagnadas e Laura sentia-se meio perdida. Nessas horas, ela sabia onde buscar a inspiração necessária para fazer as coisas andarem novamente. Ela se afastava dos negócios, recarregava-se espiritualmente e voltava com dedicação renovada.

No auge da crise, Laura largou tudo e passou uma semana num condomínio à beira-mar. Ela já havia usado esse recurso outras vezes, para renovar-se espiritualmente. Foi lá, na verdade, que teve a visão sobre o futuro da sua firma. Contrariando seus hábitos, dessa vez ela não levou jornais ou revistas e não planejou nada. Durante toda a semana esteve afastada do mundo dos negócios. Laura sempre acreditou que aconteciam coisas extraordinárias para ela naquele lugar especial. Aquela crise certamente exigia algo de extraordinário. Andando na praia à noite, Laura tentou entrar em contato com sua voz interior para saber o que deveria fazer. Em determinado momento, já no fim da semana, ela teve um vislumbre do que procurava e de que medidas deveria tomar. Ela retornou a Phoenix no dia seguinte, com a convicção renovada.

Na segunda-feira seguinte, ela convocou uma reunião do pessoal e anunciou que havia resolvido encaminhar os negócios para o futuro, apesar de toda resistência. Deu aos funcionários uma semana para que decidissem se a nova diretiva seria interessante para eles e suas famílias. Embora quisesse que todos ficassem, ela compreenderia que tal decisão forçaria cada um a reavaliar a sua vida e seus planos para o futuro. Laura anunciou, ainda, que imediatamente contrataria alguns especialistas em computadores para dar início ao processo o mais rapidamente que pudesse. Além disso, o pessoal de *marketing* e vendas teria de ser treinado de novo, para compreender a nova tecnologia e como vendê-la. O que ela queria que ficasse claro é que a empresa estava totalmente comprometida a investir na tecnologia de informação.

Depois de uma semana, cerca de metade dos antigos empregados resolveu sair e procurar novas oportunidades. Eles alegaram que as coisas estavam indo muito depressa para eles. Um dos funcionários mais fiéis confiou a Laura que a maior parte dos que estavam saindo duvidava que a companhia conseguisse sobreviver. À medida que os empregados saíam, um novo entusiasmo surgia na empresa. Aqueles que permaneceram, juntamente com os empregados novos, começaram a recriar a firma. É incrível o impulso que pode ser gerado quando uma organização conta com pessoas reunidas em torno de um único objetivo. O negócio seguiu aos tropeços durante um ano e meio, e efetuou a transição gradualmente. Os vendedores não apenas tiveram de aprender a nova tecnologia mas também de criar uma carteira de clientes inteiramente nova. Mas, em janeiro de 1999, a companhia encontrou-se numa espiral de crescimento que a levaria a um sucesso sem precedentes.

Esse exemplo mostra o que é a liderança dinâmica: o processo ativo de realizar mudanças importantes antecipando o futuro do mundo dos negócios. A ação mais decisiva ocorre quando alguém decide ir em frente, apesar das possíveis conseqüências.

O aprendizado: Com esse exemplo aprendemos as seguintes características de liderança:

1. *Visão*: Capacidade de *reelaborar* a perspectiva de uma empresa, em antecipação à constante mudança no mundo dos negócios.
2. *Correr riscos*: Disposição para *viver* essa visão, apesar da possibilidade de perder algo considerado muito valioso.
3. *Coragem*: Disposição para *perseverar*, a despeito do receio de conduzir a empresa rumo ao mundo do futuro.
4. *Inspiração*: Capacidade para se *comunicar* com tanta emoção e dedicação que os outros sentem entusiasmo para seguir a mesma visão.
5. *Confiança*: Capacidade para inspirar *confiança*, tanto pessoal quanto profissional, para que outras pessoas comprometam o próprio futuro com convicção.
6. *Persistência*: Disposição para *perseverar*, a despeito da resistência e das objeções, dedicando o tempo e a energia necessários para progressivamente levar a empresa a concretizar a visão.

Tornar claro o compromisso

As três fases do processo de liderança são:

1. Desenvolver uma visão instigante do futuro.
2. Convocar as outras pessoas, sintonizá-las com a concretização dessa visão e facilitar-lhes o envolvimento.
3. Atingir os objetivos e metas definidos pela visão.

O maior desafio à liderança ocorre no segundo estádio, como vimos no caso de Laura Henderson. Ao conduzir o processo progressivamente para a manifestação da visão é necessário vencer resistências, possibilitando a transformação de outras pessoas e ao mesmo tempo rebatendo de forma criativa as possíveis objeções dos clientes. Talvez o maior teste seja o próprio comprometimento com o processo. Ou seja, sempre haverá um momento em que o líder enfrentará o desafio máximo, na forma da pergunta: "Será que estou no caminho certo?, pois no caso de um fracasso provavelmente perderei algo muito valioso para mim." Esse "algo valioso" pode ser a sua casa própria, as economias, a reputação, o crédito na praça, a confiança dos outros, a posição ou mesmo o negócio todo.

Uma resposta afirmativa é um comprometimento espiritual. Isso significa que, ao assumir esse compromisso, a pessoa transcende a ligação com a própria imagem ou com posses consideradas muito valiosas. A pessoa percebeu a diferença entre os vínculos pessoais do ego e o valor inerente do eu. A dedicação incondicional na busca de uma visão não envolve o valor do eu, qualquer que seja o resultado. Sob essa perspectiva, o valor humano não se baseia em imagens ou conquistas, e sim na percepção do eu como um ser espiritual que está passando por uma experiência humana. Portanto, *o valor humano é inerente*, e não adquirido.

Possibilitar a realização da segunda fase torna-se um desafio maior depois que se passa de um paradigma baseado no conhecimento para um paradigma espiritual. Essa transição exige o domínio de novas capacidades de liderança para *complementar* aquelas dos paradigmas anteriores. A integração dessas características é definida como a Nova Liderança.

A Nova Liderança

A Nova Liderança é a síntese de:
Liderança visionária: que é norteada por uma visão;
Liderança de transformação: orientada para o aprendizado, e
Liderança espiritual: impulsionada por valores.

Liderança visionária é a capacidade de envolver os outros na busca de uma visão precisa acerca do futuro. Esse projeto deve ser instigante o suficiente para que os outros queiram fazer parte do processo. Visões acuradas em geral derivam de uma ligação espiritual. Quando Lee Iacocca foi indicado presidente da Chrysler Corporation, em 1978, ele teve de obter um empréstimo do governo federal para manter a companhia em funcionamento. Seu projeto a longo prazo era "tornar a Chrysler uma companhia global". Douglas Fraser, presidente da United Auto Workers, foi uma figura importante na concretização da percepção de Iacocca. Desde essa época, a Chrysler tem tido sucesso constante, terminando por ser considerada a "Companhia do Ano" em 1998 pela revista *Forbes*. A visão de Iacocca foi concretizada na final de 1998, quando a Chrysler fundiu-se à Daimler-Benz, da Alemanha, tornando-se DaimlerChrysler.

O sucesso da Chrysler tinha como fundamento a liderança visionária de Lee Iacocca, e prosseguiu com o atual presidente da DaimlerChrysler, Robert Eaton.

Liderança de transformação é a capacidade de criar uma organização voltada para o aprendizado. Os empregados são levados naturalmente a procurar a transformação pessoal, como um processo de aprendizado contínuo. Eles percebem que o acesso a novos conhecimentos depende do quanto se afastem das linhas de pensamento vigentes. As principais qualidades são resolução de problemas, pensamento crítico e criatividade.

A Donnelly Corporation é uma fornecedora internacional que serve grandes fabricantes de automóveis do mundo todo. A companhia fica em Holland, Michigan, e tem 5.500 empregados. Ela fornece componentes automotivos como espelhos, janelas, maçanetas, lâmpadas e acabamento interior. A Donnelly estabeleceu a gestão participativa no começo dos anos 50. A companhia se organiza em dez divisões como produção, controle de qualidade, administração dos programas, etc. Esses sistemas de negócios são interligados por um programa chamado Management by Planning (MBP), Administração por Planejamento, do qual participam todos os empregados. O MBP é um processo de cinco fases:

1. Visão
2. Estratégia de longo prazo
3. Objetivos para o ano fiscal
4. Ações visando um alvo e
5. Revisão de apoio

Uma série de instrumentos integra a implementação desse processo de cinco fases:

1. Instrumentos de qualidade
2. Instrumentos de criatividade
3. Instrumentos para a tomada de decisões

Suponhamos, por exemplo, que um dos objetivos dos negócios seja adquirir uma fatia de um determinado mercado de espelhos eletrocrômicos. Isso requer dados de outras unidades, como a estimativa dos custos totais, como atingir as metas de vendas ou como reduzir o tempo de lançamento de noventa para sessenta dias. O pensamento crítico procura determinar qual a possibilidade de se conseguir a parte desejada do mercado. Os instrumentos de qualidade incluem o pensamento crítico. Os instrumentos de criatividade são usados para estudar as possibilidades e os processos de pensamento necessários para gerar as opções de decisões. Muitos desses instrumentos de criatividade consistem nas técnicas do dr. Edward DeBono.

O objetivo da operação da Donnelly é utilizar plenamente o talento e a criatividade de sua diversificada força de trabalho. Os resultados mais recentes de suas operações são espelhos internos com características eletrônicas como quadros de luz, circuitos e tecnologia que automaticamente escurecem os espelhos para reduzir o ofuscamento. Um dos mais novos aperfeiçoamentos da Donnelly, o espelho externo IlluminatorTM, incorpora farol baixo, um sinalizador suplementar de conversão e um espelho de escurecimento automático, tudo num único dispositivo. Esses são exemplos das principais características de uma organização de aprendizado que considera a resolução de problemas, o pensamento crítico e a criatividade como a essência de suas operações.

Liderança espiritual é a capacidade de inspirar outras pessoas a agir em conformidade com os valores morais e éticos mais elevados em seu contato e cooperação com os demais. Esses valores são empatia, compaixão, humildade e amor. Embora existam sólidas razões comerciais para agirem da forma discutida neste livro, os líderes espirituais não precisam de uma justificativa desse tipo. Eles são movidos por um senso *inato* de fazer o que é correto, independentemente das conseqüências. Viver de modo contrário aos seus valores espirituais é uma violação moral de sua ética como seres humanos.

A Synovus Financial Corp. é um exemplo de empresa que pratica a liderança espiritual. A companhia está sediada em Columbus, na Geórgia, e possui 9.500 funcionários, que são denominados "membros da equipe". O presidente do comitê executivo, Bill Turner, fala abertamente do amor com que a empresa realiza o seu trabalho cotidiano. Ele é considerado a bússola moral da firma. Outro executivo, Jim Blanchard, afirma que, na vida de um "membro da equipe", em primeiro lugar está "Deus" ou o "Criador", a família em segundo e o emprego em terceiro. Sonny Deriso, o vice-presidente, afirma: "Todos que estão em posição de liderança precisam viver os valores que defendemos, tais como fazer a coisa certa, seguir a regra de ouro, que é respeitar os outros e estabelecer um ambiente de confiança."

Entre as expectativas de liderança da Synovus estão:

1. Viver os valores
2. Compartilhar a visão

3. Tornar os demais bem-sucedidos
4. Administrar o negócio

Sonny afirma que a espiritualidade tem muito a ver com a incorporação dessas quatro perspectivas de liderança. Ele e Jim Blanchard conversam regularmente com os líderes das equipes sobre práticas espirituais como as mencionadas acima. Ele acredita que, se a empresa funcionar dessa forma, todos estarão fazendo um trabalho excepcional ao servir os seus clientes. Sonny acha que esse modo de funcionamento levou a Synovus ao sucesso econômico e financeiro. O faturamento da firma em 1998 foi de 187 milhões de dólares, um aumento de 13,4 por cento com relação a 1997. A Synovus esteve em primeiro lugar na lista de "As 100 Melhores Empresas para se Trabalhar nos Estados Unidos" em 1999, da revista *Fortune*. Ela também estava entre as vinte primeiras da Platinum Businesses in Banking in the U.S. da *Forbes* em 1999.

O principal requisito para a nova liderança é a espiritualidade. A espiritualidade vai além de uma lista intelectual de valores históricos, feita por aqueles que passaram por tal transformação. Ela ultrapassa até mesmo a crença nesses valores históricos, mesmo que estes ou a sua fonte sejam altruísticos. *A liderança espiritual é uma forma de ser e provém da sabedoria obtida por meio da transformação espiritual.*

A liderança espiritual requer um novo tipo de coragem que tradicionalmente não era exigida de executivos, gerentes e empregados. Ela requer a coragem necessária para que busquemos dentro de nós valores que sirvam para todos — empregados, consumidores e acionistas — e o desejo de agir para *assegurar* que esses valores sejam praticados no dia-a-dia da empresa. A próxima seção apresentará um sistema de valores com base espiritual que leva a um alto desempenho.

O desempenho elevado é uma busca espiritual

O modelo que propusemos para criar uma empresa de alto desempenho (página 34) é uma atividade espiritual quando cada uma das iniciativas é definida e praticada a partir de uma perspectiva espiritual.

Pressupõe-se que cada uma das seguintes definições seja *inerente* a todos os seres humanos, quer seja praticada ou não. Portanto, leia-se "inerente" depois de cada uma das afirmações:

- *O trabalho de equipe* reconhece o relacionamento (inerente) das pessoas.
- *A qualidade* reconhece o desejo (inerente) de atingir a perfeição.
- *A reformulação do processo de trabalho* reconhece o impulso (inerente) de aperfeiçoar continuamente os sistemas, os processos e a nós mesmos.
- *O ambientalismo* reconhece a ligação (inerente) entre homens, animais e o meio ambiente.
- *A concentração no cliente* reconhece o desejo (inerente) de servir os outros.
- *A diversidade* reconhece o valor (inerente) de todas as pessoas.
- *A autorização para agir* reconhece o potencial ilimitado (e inerente) do espírito humano.

Essas afirmações são um exemplo de um sistema de valores, fundamentado espiritualmente, para a liderança e administração. A diferença entre estas é que a liderança é sobretudo uma *forma de ser* e a administração é uma *forma de fazer*. Portanto, a liderança tem orientação espiritual e a administração está baseada em princípios e comportamentos. Ambas são dimensões inseparáveis da liderança dinâmica. Sempre haverá a necessidade de ambas numa empresa bem-sucedida. O fluxo é do espírito para os princípios, destes para o comportamento, daí para os resultados, como vemos abaixo:

Espírito → Princípios → Comportamento → Resultados

Os resultados, em termos de lucros, produtividade e apoio do pessoal (mensuráveis em uma organização de alto desempenho), são dados para determinar se as operações de uma firma são dirigidas à sobrevivência ou espiritualmente motivadas. Assim, o alto desempenho é o resultado da integração de princípios e comportamentos humanistas com um sólido funcionamento comercial, orientados por um sistema de valores espirituais.

Os princípios e comportamentos de um alto desempenho

A lista seguinte é um exemplo de um conjunto correspondente de princípios e comportamentos que derivam de um sistema de valores espiritualmente orientados, como vimos na seção anterior.

O trabalho de equipe é valorizado e recompensado em todos os aspectos da operação. Isso significa aprender os valores e estilos de trabalho de outros membros da equipe, integrando-os aos nossos próprios para criar o alto desempenho.

A qualidade é medida pelo modo como excedemos continuamente as expectativas dos clientes em todos os produtos e serviços oferecidos. Isso significa avaliar cada um dos produtos ou serviços, no esforço de alcançar uma eficiência total, com índice zero de defeitos.

A revisão dos processos de trabalho é um componente programado de todos os processos de produção e serviços. Significa fazer *brainstorming*, aperfeiçoar qualquer processo de trabalho e introduzir a tecnologia da informação onde for possível.

O ambientalismo é o cuidado com o meio ambiente de modo que este possa sustentar o bem-estar de *todos* os habitantes da Terra. Isso significa monitorar continuamente as formas de conservação de energia e os recursos, avaliando o impacto de todos os processos sobre as pessoas e o ambiente.

Concentração no cliente significa tornar os consumidores o centro de tudo o que fazemos. Utilizar as informações que eles nos dão para aprimorar os procedimentos e aperfeiçoar continuamente os serviços são formas essenciais de implementar esse princípio.

Diversidade significa valorizar as diferenças e integrá-las nas funções essenciais ao negócio. Isso também significa evitar conscientemente qualquer comportamento discriminatório e tirar proveito das diferenças entre as pessoas, os modos de pensar e os estilos de trabalho.

Autorização para agir significa impulsionar todo o pessoal a criar uma empresa com alto desempenho. Isso requer delegar os projetos de acordo com a competência de cada um e ao mesmo tempo proporcionar um sistema de liderança que apóie os funcionários.

A liderança e uma perspectiva global

À medida que as corporações mundiais passam dos estádios:

Internacional: caracterizado pela operação centralizada;

para

Multinacional: marcado por unidades mundiais de negócios operando independentemente;

para

Global: caracterizado pela integração transnacional e pelo alinhamento de estratégias, estruturas, culturas e pessoal;

torna-se evidente que o maior desafio será obter a cooperação e sinergia de culturas radicalmente diferentes. Em grande parte do mundo, a essência das culturas tem a sua origem em séculos de tradição e costumam ser menos flexíveis do que culturas mais jovens, como a dos Estados Unidos.

O maior problema que afeta a globalização é o etnocentrismo — a tendência das pessoas de acreditar que a sua própria cultura e forma de vida é superior à dos outros. Felizmente, esse modo de pensar não é o predominante na maior parte das transações de negócios globais. Existe uma clara intenção de compreender, valorizar e aprender com a visão de mundo dos outros. Essa abertura marca os novos paradigmas globais dos negócios, que será a *síntese* das perspectivas ocidentais, ou não-ocidentais, que veremos adiante.

Os termos alto contexto ou baixo contexto referem-se ao modo como a informação, ou o conhecimento, é transmitida nas transações ou relações humanas. Uma cultura de alto contexto é aquela na qual há pouca ou nenhuma informação nas mensagens verbais ou escritas. Quase todo o significado é presumido pela natureza da situação. Exemplos de culturas de alto contexto são as da América do Sul, da Ásia, da África e do Oriente Médio.

Uma cultura de baixo contexto é aquela na qual a maior parte da informação está contida na mensagem escrita ou verbal, para compensar aquilo que está faltando em uma determinada situação. As culturas de baixo contexto exigem explicações e informações extensas e detalhadas. Exemplos desse tipo de culturas são: a Inglaterra, o Norte da Europa e a América do Norte, com exceção do México.

A escala da página seguinte ilustra o *continuum* do contexto definido por Edward T. Hall.[9]

Valores globais de baixo e alto contexto

Baixo contexto **Valores essenciais dos norte-americanos**	**Alto contexto** **Valores essenciais fora do Ocidente**
• Individualismo	• Grupo
• Igualdade	• Dignidade pessoal
• Democracia	• Consenso
• Liberdade pessoal	• Obrigação para com os outros
• Justiça	• Destino (karma, Joss)
• Conquista	• Processo / papel
• Inovação	• Aprimoramento contínuo
• Empreendimento	• Comunidade
• Concorrência	• Cooperação

Continuum de baixo e alto contexto

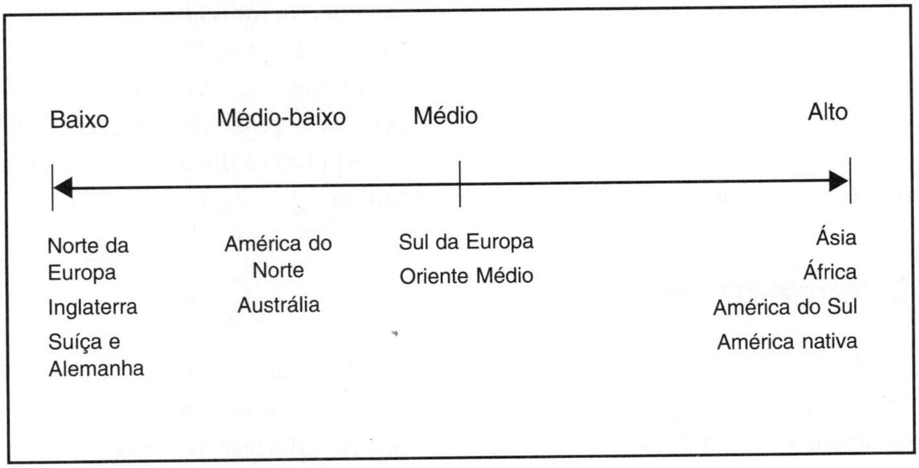

Os parágrafos seguintes descrevem os valores essenciais dos norte-americanos e como eles se relacionam com as operações de negócios, conforme visto na página anterior.

Individualismo

Individualismo é a percepção de si mesmo como o *quantum* cultural da sociedade. Portanto, o interesse por si mesmo, a autopercepção, a automotivação e a liberdade de auto-expressão têm sido tradicionalmente priorizados na participação dos norte-americanos em seu local de trabalho.

Igualdade

A igualdade é a assertiva básica de que todo indivíduo tem um valor inerente graças à sua existência fundamental. Por isso é que os norte-americanos tendem a ser informais, usar o primeiro nome independentemente do cargo, acreditar que não existem limites para as conquistas e ter como certo o fato de que oportunidades iguais devem ser garantidas para todos.

Democracia

A democracia baseia-se na suposição de que os indivíduos que fazem parte do grupo devem determinar como serão governados. O governo existe para garantir liberdades, direitos, segurança e proteção individuais, mas não deveria interferir indevidamente na vida pessoal. Apesar dessas premissas sociais, até há pouco tempo a maior parte das corporações dos Estados Unidos operavam conforme o modelo hierárquico militar.

Liberdade pessoal

A liberdade pessoal é a premissa de auto-expressão ilimitada e a rejeição da autoridade ostensiva sobre pessoas, processos e coisas. Individualismo e igualdade são expressos em termos de conquistas. Valorizar o eu muitas vezes se traduz por realizações. Assim, a maioria dos norte-americanos é motivada pelas conquistas e realização de metas.

Justiça

Os norte-americanos acreditam nos processos por direito e que as oportunidades individuais devem ser respeitadas, principalmente para quem se encontra em posição "inferior". Os argumentos morais para a diversidade — premissa de oportunidades iguais e igualdade dentro das equipes — são exemplos de como essa qualidade atua no local de trabalho.

Conquista

A conquista é a principal motivação dos norte-americanos e muitas vezes se iguala à valorização de si mesmo. Portanto, os norte-americanos são orientados pelo "fazer", concentram-se em "conseguir alguma coisa" e estão constantemente procurando projetos novos e instigantes, sempre mais difíceis que os anteriores.

Inovação

A inovação é o resultado natural da identificação constante ou do estabelecimento de metas mais difíceis e da identificação de processos e soluções com o valor da pessoa. Assim, os norte-americanos costumam ser engenhosos na criação de soluções técnicas, dispositivos sofisticados e medidas de aprimoramento dos processos (exemplo: Six Sigma) e novos sistemas de gerenciamento (exemplo: administração com base no desempenho).

Empreendimento

O empreendimento é o resultado natural dos fortes valores americanos essenciais que compreendem correr riscos, inovar e obter a gratificação individual. Assim, os Estados Unidos ainda são o centro mundial para especulações comerciais e empreendimentos corporativos.

Concorrência

A concorrência é a principal motivação da maioria dos norte-americanos. Ela é impulsionada pelo individualismo e pela capacidade de empreender e conquistar. Assim, a competição muitas vezes é o maior motivador para se atingir o sucesso, entre as empresas e dentro delas.

Os valores essenciais fora do Ocidente e as operações de negócio

Os parágrafos seguintes descrevem os valores essenciais dos povos que se encontram fora do Ocidente e de que forma esses valores se relacionam com as operações de negócio.

Grupo

Grupo é a unidade básica da sociedade, ou seja, a família, a companhia ou o clube. O indivíduo adquire significado por meio da identificação com o grupo. Assim, os *keiretsus* são a maneira óbvia de realizar negócios no Japão e o nepotismo (associação familiar) dentro das organizações é muito importante na América do Sul e no México. Os *keiretsus* são os arranjos comerciais cooperativos vigentes no Japão, inclusive entre concorrentes. Em ambas as situações, a lealdade para com a companhia é um dos valores mais importantes e proporciona uma sensação de pertencer ao grupo. A Alemanha, assim como o Japão, encara os negócios como uma aliança entre finanças, comércio e governo. O alvo é o bem-estar da sociedade.

Dignidade pessoal

A dignidade pessoal é o pressuposto básico de que as pessoas nascem com uma posição dentro do esquema das coisas, de que devem fazer o melhor possível e simplesmente aceitar a sua posição tal como ela é. Assim, cargos de autoridade dentro das empresas são extremamente importantes no Japão e na China. Os sistemas de classes ainda estão em vigor na Índia, bem como na Inglaterra e na Europa Ocidental. Os cargos e títulos empresariais são formais e têm importância vital na escala hierárquica.

Consenso

O consenso é a posição coletiva de um grupo, alcançada por meio de um diálogo que integre todos os pontos de vista. Portanto, a tomada de decisões no

Japão parece muito demorada para os padrões norte-americanos. Equipes autogeridas, sob a premissa da igualdade de todos os membros, muitas vezes conseguem forçar um grande envolvimento na tomada de decisões consensuais.

Obrigação para com os outros

A obrigação para com os demais pressupõe que ninguém esteja totalmente livre para agir em seu próprio interesse, caso seja "membro do grupo". A obrigação para com o grupo é mais importante do que os próprios interesses. As equipes não-ocidentais não incentivam o individualismo, advogam a uniformidade e a conformidade de comportamento e no vestir, concentrando-se em uma unidade coletiva que demonstre entrosamento e harmonia. Nos negócios, são estabelecidas relações duráveis baseadas na reciprocidade. A maioria das empresas são unidades familiares e a carreira e a vida de uma pessoa em geral são determinadas pelas obrigações para com a família.

Destino

O destino, sob a perspectiva ocidental, é a visão na qual "as coisas acontecem às pessoas". Sob uma perspectiva não-ocidental, existem "forças" que transcendem a capacidade de um indivíduo de controlar os acontecimentos que estão além da causa e efeito, ou seja, o destino, Joss, ou karma. Não é um problema de justiça ou injustiça. Simplesmente é a sina da pessoa. Até mesmo a doença, a fadiga ou situações familiares que possam afetar o desempenho profissional estão além do controle da pessoa. Assim, o mais importante é adaptar-se e aceitar as situações em vez de tentar mudá-las.

Processo/papel

Processo/papel é a qualidade da participação de um indivíduo dentro do grupo sem a necessidade de recompensa pessoal. O que importa é a pertinência e a qualidade das relações *durante* o processo e não a conquista de uma meta futura. Assim, essa pessoa é motivada de uma forma totalmente diversa de um norte-americano típico. Valorizam-se as relações sociais, os grupos e o *processo* de atingir o objetivo.

Aprimoramento contínuo

O aprimoramento contínuo é o resultado natural de aperfeiçoar o eu, o que, por sua vez, leva a um melhor produto e a uma pessoa melhor. Daí provêm o tipo de administração *kanban* da Coréia do Sul e a concentração do *kaizen* japonês, não no processo ou no sistema e sim na qualidade como sinônimo de aperfeiçoamento do trabalhador e de seu desempenho.

Comunidade

Pequenos empreendimentos comerciais comunitários se encaixam mais na estrutura de um *keiretsu* do que na de um indivíduo que tenta concretizar uma idéia. Um empreendimento só existe dentro de uma rede de relacionamentos comerciais maiores. Daí o fato de os pequenos negócios chineses nos Estados Unidos e Canadá estarem ligados à China continental, a Hong Kong e a Formosa.

Descrevemos em seguida um conjunto de princípios e comportamentos de liderança coerentes com os princípios espirituais discutidos neste capítulo.

Princípios e comportamentos de liderança

Segue-se uma lista de princípios e comportamentos necessários à implantação de uma nova liderança, compatível com os valores espirituais descritos.

1. Estabeleça uma visão pessoal de sua função de acordo com os projetos da organização: use a meditação e a imaginação para entrar em contato com a sua consciência criativa e obter uma visão que esteja de acordo com seus objetivos mais elevados, e que estejam além do mero interesse pessoal.
2. Planeje o trabalho levando em conta a visão da empresa: crie resultados específicos, definidos e mensuráveis, que possibilitem a concretização da sua visão pessoal.
3. Obstáculos e dificuldades, por maiores que sejam, são oportunidades ocultas para "alavancar" seu crescimento espiritual; para encontrar uma

saída, use a introspecção ou procure a ajuda de um mentor versado em desenvolvimento espiritual.

4. Apóie os seus subordinados procurando saber quais são as aspirações deles; ao avaliar o desempenho deles, relacione as expectativas de sucesso que têm os objetivos comerciais da empresa.

5. Em todas as ocasiões, coloque a sobrevivência e o sucesso da empresa acima de seus interesses pessoais; fique *sempre* atento à saúde financeira da companhia e ofereça a sua ajuda em forma de abnegação.

6. Concentre-se emocionalmente e crie a realidade que deseja; anote minuciosamente o que deseja e tenha pelo menos *uma* atividade condizente com aquilo que escreveu. Caso não o faça, a sua intenção é na verdade um desejo e não tem poder para se manifestar.

7. Seja generoso e reparta os seus lucros com os empregados e com a comunidade da qual faz parte, elabore um plano de repasse dos lucros que preserve a empresa, os empregados e a comunidade.

8. Quando tiver de dirigir outras pessoas, faça-o com empatia, compaixão, humildade e amor (*ver* p. 85): aja com benevolência para ajudar o desenvolvimento e o desempenho dos empregados.

9. Valorize e integre as diferenças em todas as suas transações comerciais: estabeleça um sistema contábil dirigido ao desempenho e aos resultados em termos de diferenças.

10. Comunique-se regularmente com sua fonte pessoal de orientação, sabedoria e inspiração: dedique de 5 a 15 minutos diários à meditação, à prece ou à introspecção sempre que uma circunstância ou oportunidade exijam atenção em sua vida.

Capítulo 8 O futuro: É hora de entrar em ação

Numa hora em que o mundo parece girar sem esperança e estar fora de controle, aparecem os impostores e os crentes, e entre eles os eternos indecisos que não sabem para onde ir.

— Willie Nelson

Introdução

Temos de tomar algumas decisões difíceis e não temos muito tempo para isso. Pode-se dizer que restam ainda de 10 a 20 anos antes que as crises culturais e ambientais que desencadeamos nos últimos 100 anos se tornem irreversíveis. Do ponto de vista do ambiente, temos de encarar o fato de que o planeta está se tornando inabitável para os seres humanos. Muitas espécies animais e vegetais se extinguiram, as florestas estão reduzidas a uma pequena parte do que eram e poucos rios estão livres de represamento e poluição. Com o desenvolvimento e o crescimento desenfreados, as pastagens, as áreas propícias para a agricultura e as terras irrigadas estão desaparecendo numa velocidade assustadora. A rápida expansão do comércio levou à poluição irreversível do ar e da água.

Do ponto de vista cultural, o impacto do colonialismo nos últimos séculos também teve um efeito devastador sobre as culturas indígenas nativas e o seu hábitat tradicional. O maior impacto tem sido o extermínio sistemático, principalmente nas Américas, tanto a do Norte quanto a Central e a do Sul. O mesmo provavelmente acontece em outras partes do mundo. Além disso, como uma sociedade mundial ainda não aprendemos a transcender o etnocentrismo, o racismo e a discriminação sexual. Nos últimos 5 mil anos, houve cerca de 10 mil guerras, cujos motivos foram quase que totalmente relativos a crenças etnocêntricas. Ainda hoje as guerras se alastram e continuarão a fazê-lo até que tenhamos sofrido uma transformação radical na qualidade da espécie humana. Como um todo, ainda somos predominantemente impulsionados pelo egoísmo, pela ambição e pela concorrência. Essas características, combinadas com os "ismos" acima citados, levaram a um mundo de ter e não ter; aqueles que têm possuem até 80% dos recursos do planeta, embora correspondam a 20 por cento da população total. Neste capítulo final, discutiremos os seguintes assuntos: a responsabilidade que temos pela consciência global; o desafio da exploração do "espaço interior"; os problemas fundamentais que temos de enfrentar com relação às estruturas de crença que possuímos hoje, e o que podemos fazer, individual e coletivamente, para transformar a consciência do planeta com o objetivo de alcançar uma outra, compatível com a futura existência da humanidade.

Assumir a responsabilidade pela consciência do planeta

A essência do paradigma espiritual é a constatação de que precisamos dar uma guinada em nossa evolução como espécie. Se examinarmos seriamente os resultados da nossa existência ao longo de vários milênios, descobriremos que não fizemos grandes progressos no cuidado com o meio ambiente ou com os semelhantes. Nossos próprios interesses parecem ser mais importantes do que os dos outros. Temos de reconhecer que têm havido atos de compaixão, legislação para mudar o comportamento e até mesmo a criação de organismos mundiais para resolver os conflitos coletivos. *Todavia, o contexto da existência planetária não se alterou!* Apenas aperfeiçoamos o desenvolvimento tecnológico. Mas será necessária uma mudança radical em nosso comportamento, bem como em nossas crenças e valores, para que se verifique uma alteração na consciência humana.

E como iniciar essa busca para que a consciência humana alcance o avanço tecnológico? Aceitando, individual e coletivamente, a total e completa responsabilidade pelas condições de nossa vida, bem como de todos os aspectos da humanidade que possamos influenciar. Por exemplo, a morte a tiros de 15 estudantes em Littleton, no Colorado, em abril de 1999, não deve ser considerada um incidente isolado, separado de cada um de nós. Coletivamente, como nação, nós apoiamos a mentalidade violenta, pelos livros que lemos, os filmes e programas de televisão a que assistimos, os jogos eletrônicos com os quais nos distraímos, os brinquedos que compramos para nossos filhos e o grau de nossa própria violência. Ainda assim, com relação ao que aconteceu em Littleton, no Colorado, perguntamos: "Como isso pôde acontecer?" O fato é que todos sabemos a resposta, mas poucos de nós têm coragem para reconhecer a verdade. Não existe provavelmente uma resposta universal para todos nós, mas está claro, pelos resultados, que a consciência planetária é dominada pela violência.

O fato é que estamos nos encaminhando para um cenário de autodestruição mundial, a menos que, coletivamente, decidamos alterar de forma significativa o curso atual. Por exemplo, quando vemos injustiça e violência no mundo, a nossa reação mais comum é uma "ação corretiva" violenta. Isso indica que o sistema é que é inviável, e não os métodos de resposta. As nossas reações, dentro do atual contexto de pensamento, são provavelmente as melhores que poderíamos ter. O bombardeio da antiga República da Iugoslávia pelas forças da OTAN, iniciado em abril de 1999, é um exemplo dessa posição. Até que reconheçamos e aceitemos a nossa condição coletiva, estaremos em estado de coma.

Você ajudaria um amigo muito doente?

Um amigo meu declarou recentemente: "O planeta (ou seja, a humanidade) é como se fosse um doente em estado crítico, em coma." Eu concordo. Para sobreviver, primeiramente temos de sair do estado de coma. Isso só pode ser feito reconhecendo a verdade, ou seja, que somos pessoas violentas. Ainda não evoluímos ao ponto de dominar o instinto de sobrevivência. Somente aceitando a responsabilidade pelas condições do planeta é que poderemos criar soluções que assegurem a continuidade de nossa existência. Na verdade, teremos provavelmente de passar pelo processo de Elisabeth Kübler-Ross, descrito no Capítulo 3: *negação*, *reação*, *troca*, *culpa* e *aceitação*.

Até agora ainda não decidimos se queremos salvar o paciente ou não. O mais difícil nessa decisão é ter a *humildade* de admitir que realmente não sabemos como fazer para que as coisas funcionem dentro do atual sistema e estrutura de crenças. Talvez essas últimas não se afinem mais com a forma pela qual a sociedade age agora. *Os avanços na ciência, na técnica e na medicina ultrapassaram em muito a nossa atual capacidade para lidar com eles de forma responsável.* Decorre daí a necessidade de transformação espiritual. O maior desafio que enfrentamos hoje não é "conquistar o espaço exterior", mas dominar o "espaço interior" da consciência humana. Para nós, seres humanos do planeta Terra, a próxima grande fronteira será um salto quantitativo na nossa evolução coletiva para criarmos um mundo que seja justo para todos.

Como agir

A ação começa com cada um de nós examinando a sua vida diária, passo a passo, para descobrir de que modo estamos contribuindo, ou para a continuidade de um planeta desajustado ou então para uma vida de harmonia e amor. Estas duas palavras, harmonia e amor, parecem piegas, mas elas são o critério definitivo pelo qual poderemos avaliar o nosso progresso.

A relação entre as condições evidentes do planeta e a consciência que o ser humano tem dessas condições está mostrada no diagrama abaixo.

O que observamos como resultado do nosso padrão de vida é um reflexo de nosso pensamento coletivo, consciente e inconsciente. A nossa consciência individual e coletiva impulsiona os nossos comportamentos, tanto no íntimo quanto com relação aos outros. O nosso modo de agir, por sua vez, produz os resultados que observamos. Por exemplo, uma das maiores preocupações nos Estados Unidos é a criminalidade. Na verdade, apesar do fato de possuirmos os recursos que evitariam a disseminação do crime — ou seja, alimentar, vestir, oferecer moradia e oportunidade de levar uma vida digna para todos — tudo o que estamos fazendo *não é* o suficiente para modificar essa condição persistente. A nossa reação à disseminação da criminalidade, no atual paradigma de pensamento, é contratar mais policiais, desenvolver tecnologia mais eficiente para combate ao crime, construir mais cadeias e até mesmo implementar programas humanistas bem-intencionados. É claro que temos de fazer algumas perguntas difíceis em termos de reavaliar as nossas estruturas de crenças fundamentais para a existência no planeta, tais como:

1. Todo ser humano tem o *direito inerente* de ser alimentado, vestido e abrigado, quer ele queira trabalhar ou não?

2. O bem-estar do grupo *se sobrepõe* aos interesses pessoais do indivíduo? Nenhuma pessoa tem a liberdade de adquirir recursos ilimi-

tados à custa do grupo, como o demonstram as condições evidentes do planeta.

3. É válida a premissa de que os empreendimentos comerciais devem sempre *visar o crescimento*? Existe algo que possa ser considerado suficiente? Principalmente tendo em vista que os recursos do planeta são finitos!

4. A concorrência é *inerentemente tóxica* e, no final, *frustrante*? E a cooperação reflete um nível expandido de consciência que reconhece a nossa ligação inerente, e talvez seja a condição final para a nossa sobrevivência?

5. A sobrevivência dos mais fortes é *uma invenção humana baseada na necessidade de sobreviver* e destinada a manter o equilíbrio entre os que têm e os que não têm neste mundo? E, na verdade, o resto do planeta, os reinos animal, vegetal e mineral, operam em um ciclo *mutuamente compatível* de "viver e morrer", o qual não é, absolutamente, impulsionado pela sobrevivência.

6. E, principalmente, os seres humanos *têm* de fato *o domínio* sobre os outros reinos e o ambiente? Ou somos simplesmente uma parte de uma ampla rede de intrincadas relações entre seres animados e inanimados?

A última pergunta é:

7. Temos *coragem* e *humildade* para transformar as nossas estruturas de crenças predominantes sobre a consciência do planeta, para poder continuar a existir sobre a Terra?

Talvez seja essa a pergunta mais difícil para nós, seres humanos, respondermos com consciência!

O que podemos fazer?

Depois de um exame sério e profundo das perguntas da seção anterior, podemos começar a responder as seguintes perguntas *pessoais*, com base em nosso comportamento cotidiano. Respostas negativas confirmam o nosso compromisso de nos adaptarmos ao planeta de modo compatível e preservá-lo para a existência humana.

- Desperdiço alimentos?
- Consumo mais recursos do que necessito?
- Desperdiço eletricidade, por exemplo, com televisão, rádio, luz, etc.?
- Intrometo-me na vida alheia?
- Entro em conflito com pessoas que têm sistemas de valores diferentes dos meus?
- Incito comportamentos reacionários nos outros, como preconceito e discriminação?
- Deixo a torneira aberta enquanto escovo os dentes?
- Desperdiço recursos e materiais no trabalho?
- O que me preocupa mais: o lucro pessoal ou o bem-estar dos outros?
- Utilizo máquinas (de lavar roupa ou louça) desnecessariamente, gastando água em excesso?
- Gasto tempo e dinheiro demais com a minha aparência?
- Estou sempre me comportando de modo a provar a minha superioridade sobre os outros?
- Tenho mais filhos do que o planeta tem condições de alimentar e sustentar?
- Utilizo linguagem vulgar?

Respostas positivas comprovam o desejo de se adaptar ao planeta e preservá-lo para a existência humana:

- Tento influenciar positivamente os outros?
- Faço caminhadas em meio à natureza ou procuro preservá-la?
- Obedeço regras de trânsito que visem a segurança do público, como os limites de velocidade?
- Dedico algum tempo à introspecção?
- Tenho conscientemente concentrado a minha vida na preservação da vida e do meio ambiente?

- Recolho lixo quando encontro?
- Consumo alimentos e bebidas saudáveis?
- Faço exercícios?
- Procuro incentivar meus familiares a resolver os conflitos de modo que todos possam sair ganhando?
- Chamo a atenção dos outros para o desperdício de recursos e materiais, tanto em casa quanto no trabalho?
- Dedico tempo, energia e dinheiro à minha comunidade?
- Tenho saneamento básico em casa e no trabalho?
- Sou *mais* cidadão do mundo do que do meu país?
- Sou tolerante e aberto a culturas ideologicamente diferentes da minha?

A partir desse conjunto de perguntas, você poderá criar o seu próprio, mais personalizado e que signifique mais para você. Aconselho-o que o faça e que ele sirva como norma para sua vida diária.

Qual a responsabilidade de nosso sistema global de negócios?

Talvez o maior potencial para transformar a consciência da humanidade seja o nosso sistema global de negócios. As atividades comerciais, mais do que qualquer outro sistema societário, possuem os recursos (ou seja, dinheiro), influência e capacidade para agir decisivamente, uma vez tomada uma decisão. Os negócios transcendem fronteiras, ideologias diferentes e condições econômicas, mais do que qualquer outra estrutura social. Talvez porque sejam eles que nos darão os recursos pessoais de que precisamos para a nossa sobrevivência. Quando a *verdadeira* sobrevivência está em jogo, somos capazes de mudar, no menor prazo possível e da forma que for necessária, para sustentar a nossa existência.

As organizações também mudam rápida e decisivamente quando se trata da sua própria continuidade. Impulsionadas pela sobrevivência e lucratividade competitivas, as atividades comerciais continuam a estender os limites da capacidade humana para se adaptar. O resultado, indireto mas significativo, é a acelerada transformação humana em harmonia com a mudança também rápida do ambiente dos negócios. Esses fatos talvez tenham sido mais bem formulados por Bill Gates em 1999, em seu livro *Business @ The Speed of Thought*.

Como o sistema global de negócios pode tomar a dianteira no desafio de transformar a consciência humana? Podemos começar com as seguintes sugestões:

1. Fazer com que a espiritualidade passe a fazer parte das organizações — *tornar-se um exemplo.*
2. Criar foros para transformar a consciência planetária — *despertar a consciência.*
3. Pagar os funcionários da companhia para prestar serviços à comunidade, durante o expediente — *retribuição à comunidade.*
4. Procurar agir mais de acordo com o espírito de cooperação do que com o de competição — *criar uma consciência de cooperação.*
5. Patrocinar uma série de palestras sobre o tema "Como tomar consciência da necessidade de cuidar do planeta, da compatibilidade e da cooperação" — *promover a transformação evolutiva do homem.*
6. Criar espaços de meditação no local de trabalho — *estimular os funcionários a descarregar construtivamente as frustrações e conflitos profissionais.*
7. Originar um novo sistema de valores que inclua princípios humanistas — *integrar valores humanos à rotina normal dos negócios.*
8. Instaurar a educação e o treinamento espirituais no ambiente de trabalho — *oferecer oportunidades de transformação para os funcionários.*
9. Dar licença remunerada para os funcionários adquirirem e empregarem princípios e práticas espirituais dentro do local de trabalho — *desenvolver práticas de liderança para introduzir a espiritualidade no ambiente profissional.*
10. Trabalhar conscientemente para criar um contexto de cooperação mundial no qual *todos os seres humanos* sejam permanente e adequadamente alimentados, vestidos e abrigados — *criar a visão de um mundo que seja válido para todos.*

Como criar a nossa realidade

Com relação a mudanças e a adaptação a elas, importa ressaltar o seguinte: "*Somos nós quem criamos as nossas realidades, individuais e coletivas, desde os pormenores mais significativos aos mais insignificantes*." O professor Leland Kaiser, da Escola de Comércio da Universidade do Colorado, afirma: "Com que rapidez podemos mudar nossa realidade?" A resposta é: "Com a mesma velocidade com que se pode mudar de idéia." Embora este livro se concentre no sistema de negócios para conduzir as mudanças na transformação cultural, os governos, os pais, as escolas, os grupos de interesses especiais e cada um de nós tem um papel a desempenhar. A pergunta que precisamos ter sempre em mente é: "Como devemos reestruturar a sociedade para preservar o ser humano *e* ao mesmo tempo assegurar a qualidade de vida para *todos*?"

Eu não tenho a resposta, mas *sei* que coletivamente nós temos. Uma das regras básicas da vida é: "Não existe nenhum problema criado pela humanidade que não possa ser resolvido pela mente, individual e coletiva, dos seres humanos." O desafio é saber se temos coragem de trazer à tona as soluções e implementá-las. Esse será o grande teste que teremos de enfrentar à medida que formos entrando no século XXI.

Gostaria de finalizar este diálogo com as perguntas que cada um de nós precisa responder. Estou certo de que a nossa evolução como espécie humana irá prevalecer!

A seguir, são apresentadas algumas formas práticas para criar um contexto (consciência) de espiritualidade no ambiente de trabalho.

Como criar um contexto de espiritualidade no local de trabalho

1. Procure se dedicar a um processo profundo de autodescoberta para conhecer os seus valores espirituais.

2. Faça uma lista de atitudes e comportamentos compatíveis com seus valores espirituais, e coloque-os em prática!

3. Integre a sua ética e os seus valores às decisões profissionais importantes que tiver de tomar. Pergunte a si mesmo: "Será que é a coisa certa a fazer?"

4. Crie um programa pessoal de bem-estar que inclua alimentação saudável, exercícios, condicionamento físico, recreação e uma vida equilibrada.
5. Confie nos outros de forma responsável, sem a necessidade de comprovação.
6. Dedique-se a um programa de aprendizado contínuo, escolhendo projetos desafiadores com ajuda apropriada.
7. Envolva todo o seu ser no trabalho cotidiano: corpo, mente e espírito.
8. Promova o trabalho de equipe como uma oportunidade de crescimento coletivo.
9. Em vez de só esperar ganhar mais dinheiro, avalie o seu desempenho agregado de valores; só então decida se merece ganhar mais.
10. Concentre seus pensamentos e ações nas coisas que você pode mudar ou influenciar — o resto deixe para as Leis do Karma!

Os apêndices trazem respostas a perguntas coletadas ao longo de muitos anos, sobre a espiritualidade no local de trabalho. Apresentamos também um teste para determinar o grau de sua espiritualidade, bem como um processo prático para integrar a espiritualidade na cultura de sua empresa. Qualquer comentário será bem-vindo. Comunique-se conosco por meio de:

William A. Guillory
Innovations International, Inc.
310 East 4500 South, Suite 420
Salt Lake City, Utah 84107

Apêndice A
Perguntas sobre a espiritualidade no ambiente de trabalho

P: O que é espiritualidade?

R: Espiritualidade é aquilo que vem de dentro, além dos instintos de sobrevivência da mente. Cada um de nós possui um centro espiritual, que é a nossa ligação com essa fonte de conhecimento interior.

P: O que quer dizer "centro espiritual"?

R: Centro espiritual é a essência interior do eu — que está além dos nossos valores e crenças *programados* — ou seja, a fonte da sabedoria. É aquilo que nos leva ao comportamento com determinação, compreensão, empatia, humildade, compaixão e amor.

P: O que significa a palavra "espiritual"?

R: Aquilo que é espiritual:

- Origina-se do nosso eu interior.
- Beneficia a própria pessoa e os outros.
- Cria sintonia entre objetivos e pessoas.
- Traz segurança (confirmada pelo coração).
- Cria o significado e a motivação interiores para o trabalho.
- Cria paz interior e deixa a pessoa centrada.
- É um desejo *natural* de ajudar o crescimento, o aprendizado e o sucesso das pessoas.
- Respeita os valores individuais e a dignidade do grupo.

P: Existe diferença entre espiritualidade e religião?

R: Sim, espiritualidade é "essência" e religião é "forma". A espiritualidade é a origem de um número ilimitado de formas que a experiência humana pode adquirir, como meditação, oração, zen, conservação ambiental, tratar os outros com respeito, com dignidade e em pé de igualdade.

P: Qual a relação que existe entre espiritualidade e vida profissional?

R: A vida profissional tornou-se tão exigente, rápida, estafante, ambígua e caótica que temos de procurar respostas baseadas em valores e formas de alcançar a estabilidade pessoal dentro de nós mesmos. Compreendemos que a nossa sabedoria interior é a *única* fonte que, a longo prazo, possibilitará a nossa adaptação e estabilidade.

P: Como a espiritualidade se revela na vida profissional?

R: As atividades profissionais com fundo espiritual podem ser:

- Programas de pensão.
- Divulgação de informações sobre saúde no ambiente de trabalho.
- Programas de assistência aos funcionários.
- Programas para integrar o trabalho com a família dos empregados.
- Sistemas de administração que incentivem a transformação pessoal e espiritual.
- Liderança de serviço: desejo de servir aos outros, acima de si mesmo.
- Práticas de liderança destinadas a apoiar o crescimento e o bem-estar dos demais.
- Programas de diversidade para criar culturas abrangentes.
- Integração de valores essenciais, decisões empresariais essenciais e práticas essenciais.
- Práticas de liderança que apóiem o crescimento e desenvolvimento de *todos* os empregados.

P: O que leva os funcionários a sentirem a importância da espiritualidade como instrumento de trabalho?

R: A necessidade de espiritualidade intensificou-se devido às pressões do atual ambiente de trabalho em termos de:

- Estabilidade pessoal, ou seja, sobreviver e adaptar-se a um ambiente de trabalho que está mudando caoticamente.
- Equilibrar a vida pessoal com a profissional: reavaliar o que é importante e dar nova prioridade às atividades vitais (com base em valores de origem espiritual).

- Melhorar o desempenho: a necessidade de aprendizado constante, impulsionado por uma paixão interior.
- Trabalho significativo: em vista das atuais pressões profissionais, todo empregado está indagando: "O que é significativo para mim?"
- Redução da força de trabalho: necessidade crescente de realizar mais em menos tempo.
- Culturas empresariais humanistas: a ligação (ou falta de ligação) entre os valores pessoais individuais e aqueles praticados pela empresa.
- Autogestão: necessidade de resolver os próprios problemas através de maior capacitação e criatividade.

Para enfrentar esses desafios é preciso analisar e resolver o espaço interior. *A resolução e exploração do espaço interior é um processo espiritual! O espaço interior refere-se ao nosso centro espiritual.*

P: Qual a relação entre espiritualidade e o ambiente de trabalho?

R: Para compensar a perda da estabilidade no emprego e a necessidade cada vez maior de conseguir profissionais com alto desempenho, o ambiente de trabalho atual, produtivo e lucrativo, exige culturas empresariais que integrem valores fundamentalmente humanos com políticas, decisões, funções e comportamentos essenciais de negócios, ou seja, culturas que apóiem o bem-estar físico, mental e espiritual de seus funcionários.

P: Qual o papel da liderança na promoção da espiritualidade?

R:
1. Nomear um comitê para definir como a espiritualidade deverá atuar na empresa, incluindo uma definição apropriada do que seja "espiritualidade no nosso ambiente de trabalho".
2. Definir como a espiritualidade é, ou pode ser, incluída nos planos estratégicos da companhia.
3. Fazer uma pesquisa sobre a espiritualidade.
4. Certificar-se de que as pesquisas sobre o desempenho incluam uma avaliação de como são praticados os valores essenciais na empresa.
5. Criar um ambiente de confiança, no qual os colaboradores sintam-se à vontade para questionar, aprender e contribuir.

6. Implantar seminários de desenvolvimento pessoal, com esclarecimento sobre valores e quais os comportamentos humanistas esperados.
7. Dar o exemplo dos valores humanistas desejáveis nos outros.
8. Promover a diversidade, pois ela é uma declaração moral e ética das crenças *espirituais* na igualdade humana.

P: Como vencer o desafio de viver e trabalhar em um lugar onde os princípios espirituais não sejam valorizados ou praticados?

R: Em primeiro lugar, ter consciência de que integrar a espiritualidade na nossa vida é algo para o nosso benefício pessoal, pois diminui a pressão e aumenta a concentração e a estabilidade. Ela é a fonte para a adaptação pessoal no mundo e no ambiente profissional atuais, que se encontram em um processo caótico de mudança.

A adaptação ao atual local de trabalho começa com:

1. Definir os cinco principais valores pessoais de origem espiritual, tais como família, tempo para si mesmo, criatividade, práticas religiosas, saúde, etc.
2. Definir seus valores profissionais pessoais, como dinheiro, igualdade, delegação de poderes, respeito, relacionamentos qualitativos, como se destacar, etc.
3. Comparar os seus valores pessoais com a sua percepção dos valores praticados em seu ambiente de trabalho, como concorrência, interesse próprio, controle, hierarquia, com o fortalecimento dos valores humanistas.

Se os seus valores diferem substancialmente daqueles praticados no ambiente de trabalho, você terá de enfrentar algumas decisões importantes.

i. Ficar e aceitar passivamente a situação, pois os benefícios do emprego são grandes demais para serem descartados.

ii. Ficar e trabalhar para mudar a cultura predominante, aceitando as conseqüências que possam ocorrer.

iii. Começar a procurar um emprego que seja mais compatível com os seus valores e depois decidir se fica ou sai.

iv. Abrir o seu próprio negócio.

Finalmente, lembre-se de que você não é obrigado a participar de contendas políticas ou outras atividades que não sejam espirituais. Acima de tudo, se você puder identificar-se com os problemas que outras pessoas enfrentam em comportamentos contraproducentes, a sua influência poderá ajudá-las a se transformarem.

P: De que modo pessoas que aceitam e vivem valores espirituais podem liderar equipes que ainda não se pautam pelos mesmos?

R: i) Apresentando a idéia de que os valores humanistas em um grupo são tão importantes quanto os objetivos comerciais para se chegar ao sucesso da equipe.

ii) Se não for necessário, não use a palavra "espiritual" no início. Use os termos "ética", "valores" ou "moral".

iii) Promova uma sessão de debates na qual os "valores éticos ou espirituais" sejam estabelecidos como parte integrante da dinâmica da equipe.

iv) Forneça aos membros do grupo literatura espiritual adequada que mostre a relação prática entre o sucesso comercial e a espiritualidade, como por exemplo *Soul of the Firm*, de C. William Pollard.

P: As diferenças entre as metas espirituais e as da empresa são compatíveis e passíveis de manifestação? Por exemplo, um dos objetivos espirituais poderá ser o pleno desenvolvimento dos colaboradores, dando espaço para a criatividade do indivíduo utilizando-a. Um dos objetivos comerciais em geral é fornecer um produto dentro do prazo e do orçamento. Se um indivíduo não estiver atendendo aos objetivos da empresa, como poderá continuar ligado às metas espirituais?

R: Em primeiro lugar, a espiritualidade se refere mais ao processo — a forma pela qual as coisas são feitas — do que à conquista das metas. O desenvolvimento e a criatividade de uma pessoa exigirão práticas espirituais *no processo* de atingir uma meta organizacional. A velocidade do crescimento de um indivíduo é determinada por ele mesmo. A meta de uma empresa de entregar um produto dentro do prazo e do orçamento poderá *forçar* ou *inspirar* um empregado a adquirir novas habilidades e assumir maiores responsabilidades para alcançá-la. Nesse sentido, os objetivos espirituais e empresariais são não apenas compatíveis como mutuamente benéficos.

P: Como um funcionário pode evitar o medo com relação à própria sobrevivência, se todas as empresas estabelecem metas e objetivos financeiros específicos, muitas vezes irreais?

R: É preciso lembrar que o medo é sempre baseado numa convicção a nosso próprio respeito, quase sempre infundada. A energia que acompanha o medo pode ser bastante reduzida se imaginarmos a pior das hipóteses possíveis e o que faríamos nesse caso. A sobrevivência compreende alimento, abrigo e vestimenta, os quais usualmente são garantidos mesmo nos piores cenários. O que tememos é a falta de rendimentos para sustentar um determinado "padrão de vida".

Em última análise, a sobrevivência depende de nossa capacidade de desenvolver continuamente as qualidades que asseguram o emprego.

P: Na maioria das empresas, a autoridade está baseada no medo. Máximas como "Faça certo logo na primeira vez" são mal interpretadas quanto à finalidade e ao significado. Muitos empregados temem cometer um erro. Espiritualidade é a ausência do medo. Como passar de uma cultura baseada no medo para outra de paz e amor?

R: Na verdade, concentrar-se no eu espiritual é não ter medo. Portanto, quando tememos é porque estamos desligados de nossa origem espiritual e os instintos de sobrevivência da mente estão no comando. Se estivermos intimamente seguros de nosso valor inerente como ser humano e de nossa capacidade de contribuir para o sucesso da empresa, a autoridade baseada no medo não terá poder sobre nós. Ou seja, a percepção da segurança presumida é que nos torna imunes ao temor. O mais importante é reconhecer que paz e amor têm origem interior, quer sejam parte inerente de uma cultura ou não.

P: Espiritualidade é ouvir a voz interior e deveria ser a base principal para a tomada de decisões. Como explicar aos superiores uma decisão tomada sem fatos (ilusórios) para justificá-la?

R: A maioria das decisões comerciais mais importantes não deriva necessariamente do nosso guia interior. Muitas são baseadas em sólidos motivos racionais. Para atuar efetivamente na profissão nos dias de hoje temos de estar capacitados para "estar no mundo" (pois é onde nos encontramos), e não "fora do mundo" (para que possamos nos distanciar quando for conveniente).

Em outras palavras, dependendo da pessoa, é mais fácil "criar" explicações racionais aceitáveis para uma decisão intuitiva. Por exemplo, se alguém tem a forte convicção moral de que "a diversidade é a coisa certa", então criar motivos racionais baseados na utilização eficiente de toda a força de trabalho não será difícil. Apesar disso, essa pessoa compreende que a decisão de diversificar tem um fundamento espiritual. Ligar a intuição a sólidas razões comerciais exige uma boa compreensão do ramo em que se está atuando.

P: Como um colaborador pode agir de modo espiritual se o seu superior tem as suas próprias motivações, pessoais e egoístas?

R: Quando as convicções pessoais de um dirigente não afetam adversamente a nossa capacidade ou liberdade para atuar efetiva e eficientemente, não é *necessário* fazer nada. Primeiramente é preciso observar a nossa própria intolerância. *Se* esta deriva de uma posição honesta, o nosso mal-estar com relação a essa pessoa pode ser um reflexo de características que tentamos ocultar sobre nós mesmos.

Quando é necessário agir e mudar, o mais importante é indagar por que motivo desejamos que os outros mudem. Depois de solucionar uma motivação egoísta, o *processo* de envolvimento por meio de diálogo pode ser muito eficaz. Pergunte ao colega quais as aspirações profissionais dele e o que ele mais aprecia no trabalho. O que ele acha mais difícil? (Essa questão pode revelar os temores que ele tem.) De que modo você poderia *verdadeiramente* ajudá-lo no trabalho? E assim por diante.

Para lidar com uma pessoa com motivações egoístas, a definição de sabedoria é essencial: *"Sabedoria é a compreensão, empatia e compaixão profundas para com a experiência humana."* A partir daí, a ação mais apropriada torna-se óbvia.

P: Quando uma companhia não promove abertamente a espiritualidade, como se pode encontrar uma orientação adequada?

R: Os iguais se atraem, ao contrário do que acontece na Física!

1. Procure aqueles que possuem características de comportamento como empatia, compaixão e humildade.

2. Procure alguém que goste das pessoas, alguém que tenha coração.

3. Faça uma relação de pessoas assim e que também possam influenciar a sua carreira profissional. Elas devem ter credenciais humanistas e profissionais.

4. Programe reuniões com cada uma delas e faça perguntas sobre a adaptação e o futuro sucesso *delas*.

5. *Ouça o seu próprio coração!* Confie na intuição. Em determinado momento tome a decisão e pergunte quais os pontos de vista delas sobre a espiritualidade no ambiente de trabalho. Ouça apenas. Nesse ponto o seu coração o guiará.

P: Como pode um empregado evitar o medo e permanecer concentrado em si mesmo quando a sua carreira futura está sendo influenciada por situações fora do seu controle, como no caso de resultados financeiros, projetos cancelados, mudança de clientes, aquisições, etc.?

R: Primeiramente, o seu futuro e a sua carreira estão sob o *seu* controle. "Você cria sua própria realidade." O tema dessa pergunta parece ser "medo de mudar". A minha experiência mostra que, quando ocorrem as mudanças acima mencionadas, o medo é inevitável. O que importa é a nossa reação. O medo persistirá no caso de comportamentos negativos, como ficar zangado (negar a responsabilidade), discutir a injustiça da situação (sentir-se como vítima) e a esperança vã de que as mudanças não ocorram. O objetivo é passar rapidamente *através* desse processo e chegar à aceitação.

Permanecer centrado é o mesmo que aceitar a realidade. Considere a pior das hipóteses. O que você faria caso isso ocorresse? Como iria sobreviver? Você ainda teria alimento, abrigo e roupas? Você conseguiria sustentar a sua família? Quanto mais você assume a responsabilidade pela sua vida, menos as coisas "*acontecem* com você"!

P: Como um funcionário pode resolver o conflito no caso de estar trabalhando em uma equipe, que tem em mente uma meta, mas ser avaliado como indivíduo em comparação com os outros membros?

R:

1. Aceitar o fato de que as corporações americanas raramente recompensam o trabalho de equipe e depois trabalhar para reverter essa situação.

2. Fazer uma *brainstorming* para mostrar a relação custo/benefício do trabalho em equipe comparado com esforços totalmente individuais, como, por exemplo, em execução simultânea de tarefas, redução do ciclo de tempo, serviços ao consumidor e criatividade e sinergia.

3. Incentivar a equipe a recomendar unanimemente que o projeto de equipe seja x por cento para o sucesso dela e y por cento para a contribuição individual, em termos de recompensa ou compensação.

4. Finalmente, reconhecer que o conflito é algo *interno*, e consiste na distância entre aquilo que ele acredita que "deveria ser" comparado com a realidade de "como é". Quando o conflito interior está resolvido, torna-se óbvio o que deve ser feito.

P: Uma vez que todos nós fomos educados em um mundo acadêmico no qual as notas individuais eram vitais para o nosso sucesso, como um funcionário pode mudar da mentalidade de competir para outra na qual se volte para aquilo que é bom para todos?

R: Quando competir se torna uma motivação para o aperfeiçoamento ou melhor desempenho, pode beneficiar a todos, especialmente quando se tem de invocar a inspiração e a criatividade pessoal, pois ambas são baseadas no espírito.

Quando a competição se dá à custa dos outros, leva a uma situação em que uns ganham e outros perdem, ou, o que é mais freqüente, em que todos perdem. As atuais fusões de companhias são ocasionadas pela percepção do que é melhor para todos. Elas reduzem a competição desenfreada, que é inerentemente maléfica.

Em sua organização faça o seguinte:

1. Diminua a delimitação fixa das tarefas.
2. Coloque à disposição todas as informações relevantes sobre os negócios.
3. Realize com freqüência reuniões da equipe ou dentro do departamento para distribuir a responsabilidade entre o pessoal.
4. Deixe bem claro como o esforço de todos foi necessário para o sucesso de um projeto.

P: O que um funcionário deve fazer quando houver um erro e a direção resolver escondê-lo do consumidor?

R: Se o erro for dele e ele tiver contato direto com o cliente, pedir permissão ao superior para ser honesto. Caso este recuse, registrar por escrito em um memorando toda a situação e guardar uma cópia.

Se o cliente perguntar diretamente sobre o engano, contar a verdade e aceitar as conseqüências.

Se os seus princípios espirituais são importantes para o seu bem-estar mental, em algum momento você deve tomar uma posição.

P: O que deve ser feito quando a honestidade for um valor essencial para o funcionário e a empresa ou a gerência não tiverem a mesma opinião?

R: Levantar o problema com a empresa ou a equipe caso se sinta prejudicado. Determinar se estes pretendem incluir a honestidade em suas transações comerciais. Caso ocorram novos incidentes, começar a levar em consideração outras opções que você possa ter.

P: O que fazer quando você acha que a ética pessoal está comprometida?

R: Primeiro, dar exemplo de seus próprios valores espirituais, como não participar de mexericos, trabalhar com eficiência, ter empatia e compaixão pelos outros, não participar de políticas e aceitar a responsabilidade pelos sucessos e fracassos.

Em segundo lugar, estender essas práticas para as relações com os outros, sem querer ser o "dono da verdade".

E, por último, decidir se é possível conviver com a discordância entre a ética pessoal e a da empresa. Caso não seja possível, considerar o que pode ser feito.

P: Muitos líderes empresariais não gostam de falar de espiritualidade no ambiente de trabalho, por causa de implicações religiosas e problemas legais que possam surgir. Como resolver isso?

R: Nomear um comitê dentro da empresa para analisar como a espiritualidade pode influir no ambiente, nos consumidores ou na produtividade. Incluir uma definição de espiritualidade com relação ao trabalho, do mesmo modo que foi feito com a diversidade.

Convocar o departamento jurídico para ter certeza de que os problemas legais podem ser evitados, na medida do possível. Depois solicitar ao presidente da companhia para utilizar esse relatório como base para a discussão da espiritualidade e suas implicações profissionais.

P: No meio empresarial, é realmente possível que uma pessoa faça diferença ou é necessário um compromisso da organização como um todo para que a espiritualidade tenha um papel na companhia?

R: *Fazer diferença não* significa realizar algo de grandioso! Cada ato de transformação nos torna maiores, independentemente de os outros ficarem sabendo ou não.

Para transformar uma cultura em geral é necessário o trabalho de muitos.

P: O que fazer se apenas uma forma de espiritualidade estiver sendo valorizada no trabalho, como por exemplo o cristianismo europeu (feriados na Sexta-Feira Santa e Páscoa)?

R: Esse é um problema espiritual e também de diversidade. A melhor forma de valorizar outras datas religiosas é através de iniciativas de diversificação.

Uma carta diplomática para o chefe, para o vice-presidente ou para o presidente da empresa pode ser uma boa forma de iniciar o processo. No final, deveria haver a garantia de feriados para todos os empregados dentro da política da empresa.

Por exemplo, uma empresa de Salt Lake City mudou o Dia dos Presidentes para Dia de Martin Luther King como feriado oficial para todos os empregados.

Qual o seu grau de espiritualidade? Faça o teste para saber

1. Na minha opinião, espiritualidade e religião são coisas diferentes? ❑ Sim ❑ Não
2. Tenho entusiasmo pelo meu trabalho na maior parte do tempo? ❑ Sim ❑ Não
3. Quando enfrento conflitos estou aberto para o crescimento pessoal? ❑ Sim ❑ Não
4. Contribuo ativamente para o bem-estar dos outros, além do meu? ❑ Sim ❑ Não
5. De modo geral, a minha atuação profissional é compatível com os meus valores pessoais? ❑ Sim ❑ Não
6. Utilizo práticas espirituais como meio de adaptação às tensões e exigências do meu trabalho? ❑ Sim ❑ Não
7. Assumo total responsabilidade pelo que acontece em minha vida, mesmo que a situação seja injusta? ❑ Sim ❑ Não
8. Uso regularmente a minha criatividade e intuição na vida pessoal e profissional? ❑ Sim ❑ Não
9. Procuro assegurar o meu bem-estar físico por meio da alimentação, atividade física regular e medidas preventivas de saúde? ❑ Sim ❑ Não
10. A vida para mim é uma "aventura ousada" de crescimento pessoal e profissional? ❑ Sim ❑ Não

Instruções: marque 10 pontos para cada resposta positiva.

Pontuação: de 80 a 100 pontos

Você é uma pessoa espiritualizada, com uma atitude saudável perante a vida. Você se adapta facilmente e aprende com as experiências, pessoais e profissionais.

Pontuação: de 60 a 79 pontos

Você é uma pessoa que limita a sua espiritualidade em situações de confronto. Você poderá adquirir maior confiança e valores em sua vida confiando mais em sua intuição, de onde se origina a sabedoria.

Pontuação: de 40 a 59 pontos

Você pode estar bloqueando a sua espiritualidade ao dar muita importância aos objetivos materiais. Você poderá adquirir satisfação e bem-estar conhecendo melhor o seu eu interior.

Pontuação: abaixo de 40 pontos

Para você, a vida provavelmente é uma luta pela sobrevivência. Você poderá ter que tomar algumas decisões difíceis para se abrir para a verdadeira felicidade. O primeiro passo é assumir a responsabilidade pela situação na qual se encontra e perceber que *apenas você* poderá melhorá-la.

P: Como pôr em prática a espiritualidade?

R: 1. Dedicar de cinco a dez minutos por dia para concentrar-se em si mesmo, usando alguma forma de meditação ou técnica para reduzir a tensão.

2. Quando estiver em conflito com alguém, respirar profundamente, refletir e confirmar o seu valor inerente como ser humano, sem levar em consideração a discórdia que está sentindo.

3. Estar ciente da freqüência com que entra em conflito com os valores pessoais de fundo espiritual e depois começar a comportar-se de forma a se sintonizar com os seus valores.

4. Fazer cursos sobre criatividade e aplicar na vida diária o que aprendeu.

5. Sempre que tomar uma decisão profissional, compará-la com os valores essenciais da empresa. Caso estejam em conflito, criar processos que sintonizem os seus valores com os da empresa.

6. Ser mais tolerante com as deficiências dos outros.

7. Ter a mente aberta e procurar métodos não-tradicionais de cura e bem-estar.

8. Ter consciência de como você desperdiça os recursos da empresa — lápis, papel, cópias, telefone, tempo de trabalho, etc. — e adotar comportamentos que impeçam esse desperdício.

9. Dedicar-se a formas adequadas de desenvolvimento pessoal — cursos, vídeos, ioga, zen, orações, grupos de apoio, etc.

10. Definir ou criar formas de contribuir para a comunidade, sem esperar reconhecimento, recompensas ou lucros.

Apêndice B
Como integrar a espiritualidade na sua cultura corporativa

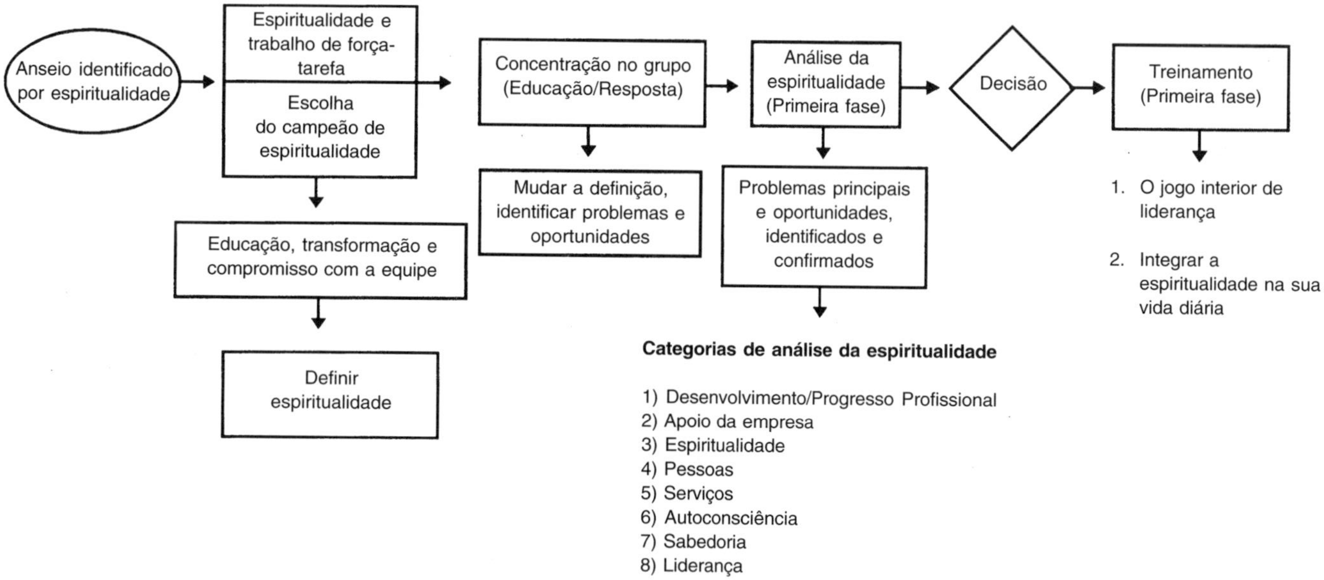

Apêndice B
Como integrar a espiritualidade na sua cultura corporativa — continuação

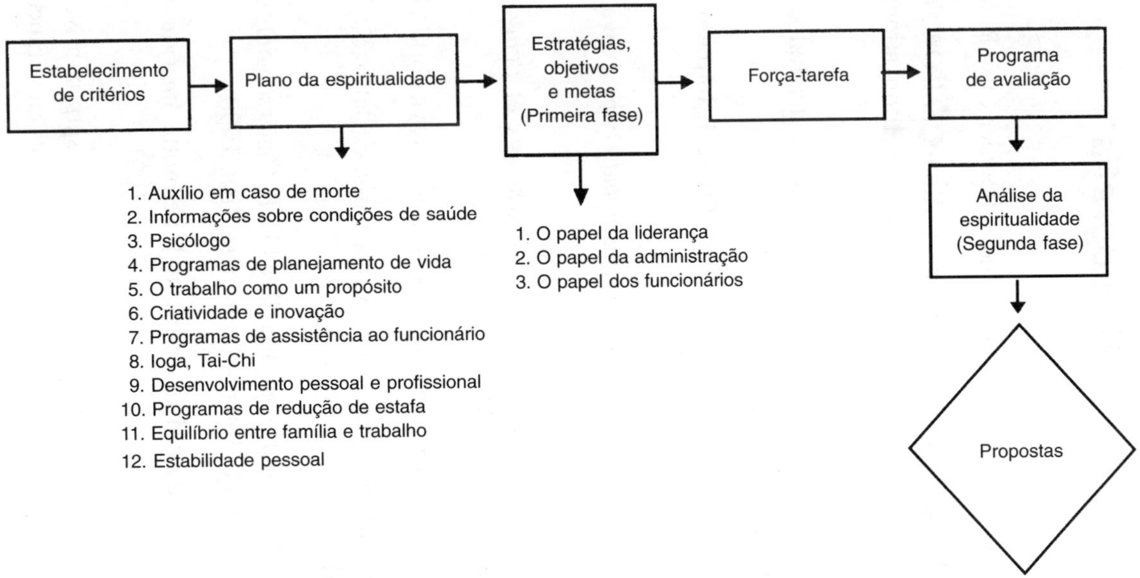

Bibliografia

1. **Guillory, William A.**, *The Guides*. Boulder City: R. K. Books, 1997.
2. **Guillory, William A.** e **Linda Galindo**, *EMPOWERMENT for High-Performing Organizations*. Salt Lake City: Innovations Publishing, Inc., 1996.
3. **Greenleaf, Robert K.**, *The Servant As Leader.* Indianapolis: Robert K. Greenleaf Center for Servant Leadership.
4. Patagonia: *Yvon's Diatribes*, 9/16/96:42:4, http:www.patagonia.com\lite\enviro\yvons.html.
5. **Kübler-Ross, Elisabeth**, *On Death and Dying*. Nova York: MacMillan Publishing Company, 1970.
6. **Maslow, Abraham**, *Toward A Psychology of Being*. Nova York: Van Nostrand Reinhold Company, 1968.
7. **Dent, Harry S.**, *The Great Boom Ahead*. Nova York: Hyperion, 1993.
8. **Koestenbaum, Peter**, *The Heart of Business*. Dallas: Saybrook Publishing, 1991.
9. **Hall, Edward T.** e **Mildred Reed Hall**, *Understanding Cultural Differences*. Yarmouth: Intercultural Press, Inc., 1990.
10. **Stewart, Edward C.** e **Milton J. Bennett**, *American Cultural Patterns*. Yarmouth: Intercultural Press, Inc., 1991.
11. **Renesch, John E.**, organizador, *Leadership in a New Era: Visionary Approaches to the Biggest Crisis of Our Times*. San Francisco: New Leaders Press, 1994.